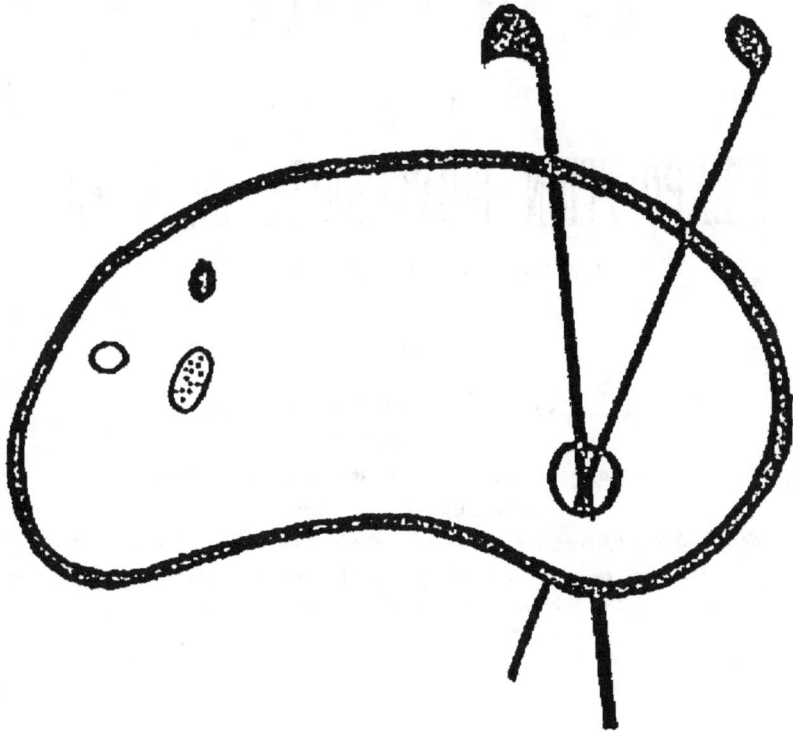

COUVERTURE SUPERIEURE ET INFERIEURE
EN COULEUR

RAPPORT

SUR

L'EXPOSITION UNIVERSELLE DE 1878

(ÉDUCATION & ENSEIGNEMENT)

PAR

M. J.-J. RAOULX

OFFICIER D'ACADÉMIE

Directeur de l'École supérieure de Marseille

PRÉSIDENT-FONDATEUR

de la Bibliothèque pédagogique des Instituteurs du Département des Bouches-du-Rhône

MEMBRE DE LA SOCIÉTÉ DE GÉOGRAPHIE DE MARSEILLE

et de la Société botanique & horticole de Provence

MARSEILLE

IMPRIMERIE BLANC & BERNARD

RUE SAINTE-PAULINE, 2 A

—

1880

ERRATA

RAPPORT

SUR

L'EXPOSITION UNIVERSELLE DE 1878

(ÉDUCATION & ENSEIGNEMENT)

PAR

M. J.-J. RAOULX

OFFICIER D'ACADÉMIE

Directeur de l'École supérieure de Marseille

PRÉSIDENT-FONDATEUR

de la Bibliothèque pédagogique des Instituteurs du Département des Bouches-du-Rhône

MEMBRE DE LA SOCIÉTÉ DE GÉOGRAPHIE DE MARSEILLE

et de la Société botanique & horticole de Provence

MARSEILLE

IMPRIMERIE BLANC & BERNARD

RUE SAINTE-PAULINE, 2 A

1880

CONSEIL GÉNÉRAL

TRAVAUX DES INSTITUTEURS DU DÉPARTEMENT

Délégués à l'Exposition Universelle de Paris

EXTRAIT du rapport lu par M. Mattéï *au Conseil Général des Bouches-du-Rhône, dans la séance du 24 Août 1880.*

« Trois instituteurs, MM. Testanière, directeur de l'école d'Istres ; M. Martin, Antoine, instituteur communal à Boulbon, et M. Raoulx, directeur de l'école supérieure de Marseille, dite de la rue Lodi, ont été délégués par le Conseil général des Bouches-du-Rhône à l'Exposition universelle de 1878, à Paris.

« Ces trois délégués ont accompli leur mission et ont rédigé sommairement et à des mérites différents les diverses observations qu'ils ont recueillies à l'Exposition.

« Nous regrettons que par suite du retard qui a été mis à nous communiquer ces travaux, il ne nous ait pas été permis de les examiner concurremment avec ceux des autres délégués du département ; nous nous empressons aujourd'hui de réparer ce retard et de faire connaître au Conseil général nos impressions sur les mérites, la valeur et les avantages de ces rapports.

. . . .
. . . .

« Le troisième rapport a été présenté par M. Raoulx. Ce travail est un des meilleurs et des mieux conçus qu'il nous ait été donné de lire sur la question de l'instruction.

« Clair, précis, méthodique, M. Raoulx examine avec soin les diverses questions soulevées par son sujet et traduit ses observations avec un soin scrupuleux.

« Ce travail, on le devine sans peine, est l'œuvre d'un homme qui mérite à juste titre d'être considéré comme un des meilleurs instituteurs du département, qui dirige, en effet, à Marseille, l'école supérieure de la rue de Lodi et qui, chaque année, introduit dans notre école normale l'élite de ses élèves, et remporte, à chaque nouvelle session d'examen, des succès de plus en plus mérités.

« Dans ce rapport remarquable et qu'on lit avec plaisir depuis la première page jusqu'à la dernière, M. Raoulx passe en revue les diverses questions se rattachant à l'enseignement primaire et les divise en trois grandes séries caractérisées par les titres suivants : *de l'Ecole, de l'Elève, du Maître.*

« Pour l'école, il étudie avec soin les procédés de construction, les divisions des locaux, les endroits où on doit les construire, les accessoires obligés de leurs constructions. Il pense, avec les orateurs distingués, notamment M. le docteur Riant, qui avait traité cette question dans les conférences de la Sorbonne, « que les écoles doivent être édifiées au Midi, qu'elles doivent être bâties au centre des agglomérations, dans une situation hygiénique, avec préaux, cour, jardin. »

« L'école, dit-il avec M. Bardoux, ne doit pas être un lieu où l'enfant est forcé d'aller, mais où il aime à aller. »

« Des maisons d'école, M. Raoulx passe à l'examen du mobilier scolaire et se livre à une très-intéressante digression sur les différents types de bancs et tables qui figuraient à l'Exposition ; il conclut à l'établissement de tables à quatre places et de siéges isolés pour chaque élève.

Dans la deuxième partie de son intéressant récit, « *de l'Elève,* » l'auteur se prononce très-énergiquement en faveur de l'instruction primaire gratuite et obligatoire ; il fait ressortir les immenses avantages de cette mesure qui assurerait l'instruction à tous les enfants des deux sexes, c'est-à-dire à environ cinq millions d'élèves. « La première République, « ajoute-t-il très-heureusement, a donné la liberté à la « France ; celle de 1848, lui a donné le suffrage universel ; ce

« seia l'honneur de la troisième République d'avoii décrété
« la gratuité et l'obligation de l'enseignement primaire. »

« M. Raoulx résume ensuite avec beaucoup de soin les
importantes conféiences pédagogiques faites à la Sorbonne
par MM. de Bagnaux, sur le mobilier scolaire ; du docteur
Riant, sur l'hygiène dans les écoles ; de M. Giraid, sur l'enseignement scientifique; M. Michel Bréal, sur la grammaire ;
de M. Buisson sur les méthodes d'enseignement comparées.

« Des conférences, M. Raoulx passe à la description des
salles d'asile, telles qu'elles devraient être ; il pense, avec le
Japon,que les jeunes enfants doivent être moins saturés d'enseignement ; que le plus sage, c'est d'éveiller leurs esprits et
de développer leurs corps.

« Des salles d'asile, l'auteur arrive aux écoles primaires,
professionnelles, supérieures, et il se prononce avec beaucoup
de force pour l'unité de méthode dans l'enseignement à tous
ses degrés, et fait ressortir, à l'appui de sa thèse,les immenses
progrès réalisés dans les Etats-Unis.

« Le peuple, a dit avec juste raison M. Jules Simon, alors
« qu'il n'était pas homme politique, qui a les meilleures
« écoles est le premier peuple; s'il ne l'est pas aujourd'hui, il
« le sera demain. »

« Cette deuxième partie du travail de M. Raoulx se ter-
mine par une description très-réussie et très-mouvementée de
l'exposition scolaire de la France et des puissances étrangères,
notamment de l'Autriche-Hongrie, Russie, Japon, Canada
et Etats-Unis.

« L'auteur, dans la dernière partie de son étude, examine
toutes les questions intéressant « le Maître » : recrutement
des instituteurs, hiérarchie, nécessité d'améliorer leur position. Il conclut à la création d'écoles préparatoires ou écoles
normales et à la nécessité d'augmenter le nombre des bourses ;
il voudrait aussi que la retraite des instituteurs fût augmentée,
que des garanties leur fussent accordées pour sauvegarder
leur avenir et leur indépendance ; il voudrait aussi que des
catégories fussent établies avec des traitements différentiels,
variant de Fr.3,000 à 1,400 pour les instituteurs et de Fr. 1,600
à 1,100 pour les adjoints. « Nous mettrons notre honneur,
« dit-il en terminant son travail, à préparer une génération
« instruite, forte, virile et confiante, à former d'honnêtes
« gens et de bons Fiançais. »

« Tel est le résumé de cet intéressant travail, que nous
avons lu avec le plus grand plaisir et la plus vive attention.
Nous croyons ne pas nous avancer beaucoup, en disant que sa
publication ne peut que rendre à l'instruction de signalés
services. Tel est notre sentiment actuel, tel est aussi celui de
M. Martini, inspecteur primaire à Aix, qui a apprécié ainsi
qu'il suit ce travail :

« M. Raoulx a su très-heureusement éviter les écueils auxquels
« expose un travail de cette nature. Se gardant des amplifi-
« cations inutiles, il a échappé à cette sécheresse qui fait
« languir les œuvres les mieux conçues et à cette verve désor-
« donnée qui en compromet généralement le mérite. Son
« rapport se distingue par la clarté du plan, la justesse des
« appréciations et la correcte sobriété du style. Bannissant
« tout ce qui n'a pas directement trait au sujet même de son
« travail, l'honorable instituteur relate avec un soin scrupu-
« leux ses nombreuses observations.

« Ce rapport, sauf quelques réserves peu importantes, se
« recommande, dans son ensemble, M. l'Inspecteur d'Aca-
« démie, à votre attention, ainsi qu'à celle de notre haute
« Assemblée départementale. Il pourra être utilement con-
« sulté. »

« Sous le bénéfice de ces observations, je vous propose......
de voter à M. Raoulx les félicitations auxquelles il a droit et de
décider l'impression de son rapport, d'ouvrir à cet effet, sur le
budget de 1881, un crédit de 500 fr. Vous montrerez ains
une fois de plus votre ardente sympathie pour tout ce qui
intéresse l'instruction de notre département. »

Ces conclusions sont mises aux voix et adoptées à l'unani-
mité.

A Monsieur F. BELIN, Inspecteur de l'Académie d'Aix

En résidence à Marseille.

MONSIEUR L'INSPECTEUR D'ACADÉMIE,

En m'appelant à l'honneur de représenter l'arrondissement de Marseille dans la délégation des instituteurs communaux de France à l'Exposition universelle, vous m'avez donné une grande marque de votre bienveillance. A ce titre, je vous dois et vous offre des remerciments bien sincères que je vous prie d'agréer. Je m'estimerai heureux si le modeste travail que je viens soumettre à votre examen peut en partie excuser la témérité que j'ai eue de me charger d'une aussi importante tâche.

Que M. le Préfet et MM. les Membres du Conseil Général du département des Bouches-du-Rhône, toujours si dévoués à la cause de l'instruction publique, reçoivent en même temps l'hommage de ma gratitude pour l'intérêt qu'ils ont porté à l'accomplissement de cette mission.

RAPPORT

SUR L'EXPOSITION UNIVERSELLE DE 1878

(Education et Enseignement)

MONSIEUR L'INSPECTEUR D'ACADÉMIE,

Tout ce que l'on peut concevoir sur le but, l'organisation, la splendeur et le succès de l'Exposition Universelle de 1878, a déjà été dit par tout ce que la France compte d'hommes éminents dans les lettres, les sciences, les arts, l'industrie et le commerce ; et les nations étrangères se sont elles-mêmes empressées d'exalter à l'envi ce magnifique spectacle que notre pays vient de donner au monde.

En comparant notre Capitale de 1871 au Paris de 1878, en voyant la magnificence de l'Exposition, l'Europe a compris, qu'à la faveur de la liberté, de l'ordre et de la paix, la France avait retrouvé toute son énergie, repris tout son prestige ; que, mûrie par l'expérience et confiante en l'avenir, elle avait travaillé à son relèvement avec un succès inouï dans l'histoire, et que les Français, au milieu de leurs malheurs et de leurs luttes politiques, n'avaient pas cessé d'être, dans toute l'acception du mot, la nation civilisée par excellence.

Ce beau résultat, disons-le tout de suite, doit être

attribué à la puissante influence qu'exercent sur la génération actuelle les progrès incessants des hautes études et
de l'éducation populaire.

Le gouvernement de la République, dont la devise est :
Tout pour l'instruction, a particuliérement compris que
l'instruction étant devenue le grand levier du monde,
notre honneur et peut-être notre sécurité lui imposent
le devoir de la propager, d'en élever le niveau et de la
rendre accessible à tous.

Le progrès social est à ce prix. Quand l'homme, en
effet, par une éducation solide aura parfaitement cons-
cience de sa dignité, de ses droits et surtout de ses
devoirs, il aura aussi le sentiment de la vraie liberté;
il respectera la loi qui le protège ; il travaillera avec plus
d'intelligence, plus d'ardeur et plus de succès ; il com-
prendra mieux les sacrifices que l'Etat, la société et la
famille exigent de lui, et il envisagera l'avenir avec
confiance.

Le progrès, tel a donc été l'idéal de l'Exposition et la
pensée intime du Conseil général lorsqu'il a envoyé à
Paris une délégation d'institutrices et d'instituteurs à la
recherche du mieux.

En ce qui me concerne, je ne m'attacherai pas à faire
ici la description du Champ-de-Mars que toute la France,
tous les peuples étrangers ont vu et admiré ; je ne parlerai
pas non plus de l'infinie variété de produits que le génie
de l'homme y avait accumulés ; c'est aux savants accourus
à Paris de tous les points du globe qu'incombe cette noble
tâche.

Ma mission est infiniment plus modeste : visiter l'Exposition scolaire de toutes les nations qui y étaient repré-
sentées ; suivre partout la marche, le développement de
l'instruction primaire ; étudier les programmes d'enseignement ; comparer par catégories d'âge les résultats
obtenus; rendre compte de ce qu'est l'école primaire dans
tous les pays au triple point de vue de sa construction, de
son mobilier et des études ; connaître en général la
position sociale des maîtres de l'enfance ; enfin, recevoir,

répandre et pratiquer les bons conseils ou les excellentes leçons que M. le Ministre de l'instruction publique lui-même et de savants conférenciers ont daigné nous donner à la Sorbonne.

Si réduite que soit en apparence cette étude, elle renferme cependant la solution du plus grand problème de notre époque : *Faire des hommes, et, avec des hommes, une nation libre, puissante, prospère.*

L'Exposition, avec son caractère universel, a fourni aux peuples l'occasion de se connaître, de s'instruire mutuellement et de se juger les uns les autres.

Le résultat espéré, certain, inévitable des comparaisons qui se seront faites sur toutes les productions de l'esprit humain, sera le bien que le présent aura légué à l'avenir.

Sous le rapport scolaire, par exemple, je reconnais qu'en France un grand mouvement d'opinion s'opère de nos jours en faveur de l'instruction populaire, mais il est utile d'avouer en même temps que la plupart des autres États de l'Europe et quelques-uns de l'Amérique du Nord nous ont déjà devancés, ou que, partis plus tard, ils marchent plus résolument que nous dans cette voie.

Sans doute notre enseignement secondaire et notre enseignement supérieur mettent la France au premier rang des nations civilisées, mais l'instruction primaire est relativement en retard.

Il faut donc que les instituteurs Français comprennent cette vérité, s'en pénètrent et se disposent à tenter de nouveaux efforts ; que MM. les Inspecteurs primaires, dont le zèle est partout remarqué, recherchent avec une nouvelle ardeur, s'il est possible, le moyen de recouvrer le temps que la routine, l'insuffisance de méthodes ou de mauvaises réglementations nous ont fait perdre ; il est urgent, enfin que le Gouvernement, bien convaincu que l'éducation du peuple est la première des conditions de la vitalité, de la force et de la sagesse d'une nation, étudie promptement et prescrive sans hésiter toutes les mesures qui doivent faciliter et rendre plus féconds les efforts des maîtres.

Si donc il résulte des observations fournies par les délégués officiels du Ministère de l'instruction publique ou des rapports de MM. les Inspecteurs et Instituteurs primaires des départements, que notre système scolaire est défectueux, et qu'il y a lieu non-seulement de modifier la pratique de l'enseignement, mais encore la loi et les règlements qui le régissent, il faut que l'on se hâte, que l'on se mette partout immédiatement à l'œuvre.

Hoche disait : *Plus de phrases, plus de mots ; des faits !* et Thiers : *On perdra la France avec des mots.*

Méditons ces paroles parties de deux cœurs français, et agissons dès maintenant afin qu'il ne soit plus vrai de dire qu'en France il faut vingt ans pour qu'une idée bonne et pratique soit acceptée et mise en usage.

Je voudrais avoir moi-même la lance d'Achille qui guérissait les blessures qu'elle faisait. En signalant, sans ménagement pour notre amour-propre national, nos imperfections ou notre infériorité, il me serait doux, en effet, de pouvoir en même temps trouver et appliquer le remède.

Mais l'hésitation que j'ai mise à entreprendre le modeste rapport que j'ai l'honneur, M. l'Inspecteur d'Académie, de soumettre aujourd'hui à votre appréciation, trahit précisément mon impuissance. Quoiqu'il en soit cependant, je veux, dans l'étroite mesure de mes forces, essayer de justifier la confiance qu'ont pu vous inspirer mes longs et consciencieux services.

Mon rapport se divise en trois parties : 1° *L'Ecole ;* 2° *L'Élève ;* 3° *Le Maître.*

L'ÉCOLE

SITUATION. — CONSTRUCTION. — MOBILIER

L'école est une maison commune où les enfants de 6 à 14 ans se réunissent en grand nombre pour cultiver ensemble, sous la direction d'un maître, toutes leurs facultés morales, intellectuelles et physiques.

« L'objet des écoles primaires, a dit M. de Talleyran, dans un langage très précis et très digne, est d'enseigner à *tous* les enfants leurs premiers et indispensables devoirs; de les pénétrer des principes qui doivent diriger leurs actions ; et d'en faire, *en les préservant des dangers de l'ignorance*, des hommes plus heureux et des citoyens plus utiles. »

Rien de plus philosophique et de plus démocratique à la fois que cette admirable définition. Du principe social qu'elle pose, je tire les deux conclusions suivantes : 1° L'École doit être considérée comme le premier et le plus important de nos établissements publics ; 2° nul enfant ne doit être privé des bienfaits de l'instruction.

Cela dit, je vais examiner l'école au point de vue matériel, c'est-à-dire, m'occuper d'abord et successivement de sa situation, de sa construction et de son mobilier.

SITUATION

Ce n'est certainement pas à l'Exposition que j'ai pu voir la situation, l'emplacement qu'occupent les écoles dans les pays étrangers; mais l'examen des plans exposés et des notes explicatives qui les accompagnaient, m'ont démontré que partout on se préoccupe avec soin de cette question, et que partout aussi, en Amérique, en Suisse, en Belgique, etc., on est pénétré de ce principe fondamental que l'école doit autant que possible être *centrale*, afin qu'elle soit facilement accessible à tous les enfants qui doivent la fréquenter. Pour satisfaire ce premier besoin des populations répandues dans les campagnes, le gouvernement Américain fait lever le plan des lieux à desservir et, choisissant toujours le point le plus central, il n'hésite pas, s'il le faut, à construire une école le long d'un chemin, et isolé de toute habitation. Dans nos grands établissements industriels, l'école ne fait-elle pas d'ailleurs partie intégrante de l'usine ou de la manufacture ? Outre que cette situation réalise pour le plus grand nombre une économie très apréciable de temps et de peine, elle enlève tout faux prétexte aux parents qui négligeraient d'envoyer leurs enfants à l'école. J'ajoute encore qu'en abrégeant les distances, les élèves du village sont moins exposés aux intempéries, et ceux de la ville, garantis en partie contre le danger de la grande circulation des voitures.

Je connais à peu près notre département et j'en ai visité les écoles. Dans bien de petites villes et des villages j'ai trouvé l'école soit à l'une des extrémités du pays, soit même comme à Salon, par exemple, hors de son enceinte.

L'avantage d'utiliser une parcelle de terrain communal ou quelquefois de profiter d'un legs à ce destiné, ne peut compenser les inconvénients que présente une pareille situation.

A cette question s'en ajoute un autre qu'il n'est pas moins essentiel d'examiner avant de faire choix d'un emplacement.

Tous les hygiénistes et, à leur défaut, le bon sens indique que l'école doit être parfaitememt exposée et située dans un quartier bien sain, afin qu'aucune émanation vicieuse ne puisse compromettre la santé des enfants. L'exposition au levant ou au midi, est sans contredit la meilleure. Bonne pour toutes les habitations, elle doit être surtout recherchée pour les écoles ; le rôle bienfaisant que jouent l'air pur du matin, la lumière et la chaleur du soleil pendant la première partie de la journée, est particulièrement marquée dans cette exposition. J'ai pu constater qu'au Canada et dans presque toutes les contrées du centre et du Nord de l'Europe, on se fait une règle à peu près invariable d'exposer ainsi les écoles. L'exemple est bon à suivre.

CONSTRUCTION

Lorsque l'emplacement de l'école aura été bien choisi, que toutes les mesures nécessaires pour la garantir contre l'humidité auront été prises, que l'on aura prévenu le danger qu'offre un voisinage malsain et que l'on en aura bien déterminé l'orientation, il restera à étudier la grande affaire de sa construction.

C'est sous ce rapport surtout que nous avons beaucoup à emprunter à l'étranger.

A peu près toutes les nations exposantes, ont tenu à honneur de montrer des spécimens de leurs établissements scolaires. Ces petits modèles généralement en bois, reproduisaient les types adoptés et, en quelque sorte, imposés aux Communes par l'Etat. De l'examen attentif de ces divers plans, il en est résulté pour les visiteurs la conviction profonde que partout l'importance même matérielle de l'école est parfaitement comprise, qu'aucun bâtiment n'est jugé plus digne des soins de l'architecte et qu'en somme rien n'est négligé pour le rendre notamment spacieux, bien éclairé et conforme à toutes les règles de l'hygiène.

Or, tandis que M. Riant, docteur en médecine et professeur d'hygiène à Paris, avec l'autorité que lui donnent son savoir et son expérience, jugeait utile dans une conférence faite aux instituteurs dans la grande salle de la

Sorbonne, de leur indiquer toutes les qualités que doivent réunir la construction d'une école et de ses dépendances, les Etats-Unis, par exemple, nous offraient, dans leur exposition, des modèles de salles d'asile, d'écoles primaires, et d'une école normale en exercice où tout était merveilleusement conçu et exécuté. C'était simple, élégant et confortable.

Leurs écoles sont, et les nôtres devraient être autant que possible, isolées et entourées d'un jardin et de cours diversement exposées où les enfants peuvent prendre en tout temps leurs ébats, toujours à l'abri des grands vents, d'un froid trop rigoureux ou d'un soleil trop ardent.

Il serait superflu de faire ressortir ici l'utilité de ce jardin attenant à l'école. Outre sa raison d'être comme puissant moyen d'assainissement, il faut reconnaître que si, par ses soins, l'instituteur en retire un faible produit, il lui est aussi une distraction nécessaire et qu'en même temps qu'il lui procure la possibilité de donner à ses élèves d'utiles leçons de botanique et d'agriculture, il lui permet encore de se livrer à des essais, à des expériences dont la population qui l'entoure peut profiter.

Quant au préau couvert, qui n'est pour ainsi dire pas connu chez nous, il est avec raison jugé indispensable, à toutes leurs écoles primaires. L'enfant doit aimer l'école, et il ne l'aimera qu'autant qu'en dehors des heures de classe il y trouvera un certain bien-être que sa propre maison ne lui offre que très rarement. Or, soit qu'il y prenne son repas du jour, soit qu'il y passe ses récréations, il lui faut un refuge, un abri contre les intempéries, et cet asile, c'est le préau.

Les règlements prescrivent qu'à leur entrée en classe les élèves doivent subir un examen de propreté. Cette mesure est fort sage, elle est pratiquée, et néanmoins les instituteurs constatent chaque jour que, malgré leur vigilance et les conseils qu'ils ne cessent de donner a leurs élèves sous le rapport de la propreté du corps, ils n'arrivent qu'imparfaitement à l'obtenir. Si la rareté de l'eau peut quelquefois être une excuse, il faut reconnaître aussi qu'il y a dans certaines familles des habitudes invétérées contre lesquelles il est très difficile de réagir. Pour parer à cette insuffisance de moyen ou de volonté, il convient de doter les écoles d'un ou de plusieurs lavabos et, autant que possible, d'une fontaine d'eau potable, où les élèves puissent se désaltérer.

Je terminerai ce petit examen des dépendances de l'école par un mot bien utile à dire sur les lieux d'aisance.

Construits en plein air, dans la cour et à l'angle le plus éloigné de l'école, les cabinets doivent cependant être facilement accessibles, et l'hygiène exige qu'ils soient munis de siéges à cuvette-bascule et tellement resserrés entre les cloisons que les enfants soient forcés de s'y asseoir dessus lorsqu'ils veulent satisfaire leurs besoins. Si l'on veut, et il faut le vouloir, leur inspirer l'amour de l'ordre et de la propreté, il est indispensable que l'ordre et la propreté règnent partout dans l'école et pour plusieurs raisons, là peut-être plus qu'ailleurs. Pour les cabinets, on adopte de préférence la forme ronde, et on emploi généralement le ciment pour les siéges comme pour l'ensemble de la construction. On estime qu'il faut autant de compartiments qu'il y a de fois 50 élèves environ. Les portes, qui ne doivent jamais rester ouvertes, sont à claire-voie vers leur partie inférieure et supérieure afin que la plus grande quantité d'air pur puisse y pénétrer. Je voudrais encore pour faciliter la ventilation des lieux d'aisance, qu'ils fussent surmontés d'une haute cheminée d'appel. Ainsi installés et soigneusement lavés tous les jours, l'établissement des cabinets dans la cour de l'école, ne peut présenter aucun danger pour la santé des élèves.

Comme annexe de cette construction, il faudrait que l'on établit des urinoirs dans de bonnes conditions de décence et de propreté.

J'arrive, enfin, au corps principal du bâtiment, à l'école proprement dite.

Il existe, en France, des règlements administratifs

2

assez bien conçus sur la construction des écoles ; mais sont-ils suffisamment connus ? les observe-t-on ?

L'amour de la vérité et l'intérêt tout particulier que je porte à la question qui nous occupe m'obligent à dire : non, sans hésiter et sans craindre d'être démenti. Sauf quelques bien rares exceptions, notre département, entre autres, ne possède que des écoles tellement défectueuses à tous les points de vue qu'il faudrait les raser. Ceux-là seuls, Monsieur l'Inspecteur d'Académie, qui vivent au milieu de ces nombreux groupes d'enfants qui peuplent nos écoles en connaissent réellement les besoins ; eux seuls se disent chaque jour que plusieurs générations d'hommes se succèdent dans ces mêmes établissements et peuvent y contracter des vices constitutionnels très graves, s'ils ne réunissent toutes les conditions hygiéniques voulues ; eux seuls, enfin, sans cesse préoccupés de l'avenir des enfants qu'ils élèvent, sentent tout particulièrement que la patrie est dans l'école et qu'on ne saurait dès lors trop faire pour elle. Le jugement sévère que je viens de porter sur la plupart de nos écoles a son excuse dans le sentiment que je voudrais voir partager par tout le monde.

Dans un discours prononcé à Dreux, le 7 septembre dernier, M. Bardoux, ministre de l'instruction publique, a dit : « *L'école ne doit pas être un lieu où l'en-* « *fant est forcé d'aller, mais où il aime à aller;* » et plus loin : « *Qui n'aime pas l'école n'est pas patriote.* » C'est trop justement pensé et bien dit pour ne pas attendre de son activité et de son zèle que, grâce au vote, par les Chambres, de 120 millions pour construction d'écoles, sous peu d'années toutes les communes de France seront dotées d'établissements scolaires qui répondent à la grandeur de notre pays et aux espérances que nous fondons tous sur le développement de l'instruction du peuple.

En attendant, voici ce qui se pratique généralement en province.

M. le Maire veut bâtir une école dans son village, le con-

seil municipal vote les fonds nécessaires ; le conseil général
du département et l'Etat accordent les secours que la loi
met à leur charge ; le maçon de la commune, sans douter de
lui-même et sans posséder cependant les connaissances
spéciales qu'exige ce genre de constructions, se met à
l'œuvre, et bientôt la maison d'école est édifiée. Les plans
soumis à l'approbation académique et préfectorale n'ac-
cusant aucun vice bien apparent ont été approuvés, et
puis, le plus souvent, on s'aperçoit, mais trop tard, que
le sous-sol est humide, que les murs suintent l'eau, que
la classe est trop exiguë, que la lumière y est insuffisante
ou mal distribuée, que le bâtiment est mal exposé,
que l'accès en est difficile ou dangereux même, que le
voisinage est insalubre, qu'il n'y a ni cour, ni préau, ni
fontaine, ni lieu d'aisance praticable, etc., etc. Tout le
monde sait, par conséquent, que les enfants y sont très
mal, que leur santé s'y compromet gravement ; mais
aucune autorité n'ose intervenir pour la faire fermer. Et
cependant les fils y remplacent les pères.....

Telle est, entre autres, l'école communale laïque de
garçons de Barbentane, mon bien-aimé pays. Sa construction date de 1834. Si j'étais le Maire de cette charmante et bien intéressante localité, je tiendrais à honneur
de marquer mon passage aux affaires par la construction
d'une école modèle.

Dans les grandes villes, les choses se passent d'une
façon non moins digne de remarque.

La municipalité décide qu'il y a lieu de créer une école
dans tel quartier ; le conseil départemental approuve cette
décision ; aussitôt on se met à la recherche d'un local dis-
ponible, et on le trouve. On sait qu'il ne répondra pas
complètement à l'usage auquel il est destiné, mais que
faire ? Il n'y en a point d'autre, et on le prend en location
pour une longue suite de périodes de sept ou neuf ans.
On y fait alors à l'intérieur quelques légers travaux d'ap-
propriation, on y installe le maître et les élèves, et l'on
a une école de plus. Mais cette école ne présentera-t-elle
pas quelques-uns au moins des inconvénients déjà signa-

lés ? c'est possible, mais quoi qu'il en soit, les enfants y sont et ils y resteront. On prétend avoir fait aussi bien que l'on a pu.

A Paris cependant, qui compte actuellement 259 écoles communales, on en voit dont l'étendue et l'importance sont très-considérables, et qui, bâties aux frais de la ville et sur les plans d'habiles architectes, sont à peu près irréprochables.

Je ne m'arrêterai pas à faire l'énumération de celles qui m'ont paru remplir assez exactement toutes les conditions désirables. Je dirai seulement qu'elles sont nombreuses et que quelques-unes, en particulier, n'ont pas à redouter d'être comparées aux meilleurs modèles que nous ont présentés les nations étrangères. Je me crois obligé de citer néanmoins comme type un groupe scolaire situé au boulevard Belleville, et qui comprend salles d'asile, écoles primaires de garçons et de filles et une école spéciale de dessin. C'est, en effet, un des rares établissements de ce genre qui accusent la possibilité de bâtir où l'on veut et comme on veut.

Là, les classes sont vastes, bien aérées, parfaitement éclairées, forte lumière à gauche et douce lumière à droite, et tout y est aménagé de façon à ce que les règles les plus strictes de l'hygiène y reçoivent leur plus entière application.

Les proportions et les divisions intérieures de l'édifice le rendent tout à fait propre aux divers services qu'on y a établis ; les cours et les préaux, tout y est spacieux, commode, gai et de nature à y attirer les deux mille enfants auxquels le bâtiment est destiné. La façade elle-même est ce qu'elle doit être, c'est-à-dire simple, mais de bon goût et inspirant l'attrait. Elle est également éloignée de ce fatras d'ornementations qui absorbent quelquefois, au détriment de 'a bonne installation des classes, la plus grande partie des fonds affectés à la construction, et de ce ton froid, austère, qui s'harmonise si peu avec la hardiesse, la légèreté et les grâces naturelles de l'enfant. Pris dans son ensemble, le groupe de Belleville peut donc être cité comme un véritable modèle à copier. Sa magnifique position sur une immense esplanade le rend d'ailleurs susceptible d'être visité par le soleil dans toutes ses parties, et on peut dire qu'il est ainsi, non-seulement le plus utile, mais le plus correct et le plus élégant monument du quartier.

A ces considérations générales sur la construction des écoles, et avant d'aborder la question du mobilier classique à laquelle se rattachent mes impressions sur l'ensemble de l'Exposition scolaire, il m'a paru utile de dire un mot sur la nature du parquet et des murs de la classe, sur le chauffage et sur le logement des maitres.

Toutes les classes doivent être planchéiées, et cela non-seulement pour préserver les enfants du grave danger provenant du froid et de l'humidité du sol, mais encore pour éviter que, par l'effet de l'extrême porosité des briques ou moellons en terre cuite dont on fait habituellement usage, des émanations miasmatiques ne se dégagent continuellement du sol. Les murs blanchis à la chaux et même au plâtre se laissent aussi imprégner ; des décompositions organiques s'y produisent et ils récèlent ainsi des miasmes dangereux. C'est à cette cause principale qu'il faut attribuer l'odeur particulière et repoussante des classes mal construites, mal tenues, mal aérées. Pour obvier à cela, il faut : 1° que le parquet formé de petites frises parfaitement jointes, soit en chêne dur ou en sapin très résineux et enduit de cire ou d'une couche d'huile de lin bouillante renouvelable tous les ans ; 2° que les murs, légèrement coloriés en vert, soient peints à l'huile et lavés au moins deux fois par an.

En France, le chauffage des classes est généralement très défectueux, incomplet et malsain. Il consiste en un poële en fonte ou en fer laminé auquel on adapte un tuyau en tôle très mince, fort mal cloué et mesurant à peine 9 centimètres de diamètre. Ce poële, dans lequel on brûle ordinairement de la houille est placé non pas où l'on veut, mais où l'on peut, et souvent dans un coin de la salle. Il résulte de tout cela : 1° que le poële, devenant facilement rouge, décompose l'air et le rend impropre à la respiration ; 2° que le tuyau, trop petit et mal joint, laisse échapper une épaisse fumée qui est asphyxiante ; 3° que les élèves placés près du poêle supporte une chaleur trop forte qui les fatigue, tandis que ceux qui en sont éloignés n'en ressentent que les mauvais effets.

L'établissement d'un calorifère, projetant des bouches de chaleur dans toutes les classes et dans les diverses pièces affectées au service de l'école, serait moins coûteux, plus sain, plus propre et plus pratique. Ce système est appliqué à l'étranger et recommandé en France de nos jours par les hygiénistes les plus distingués et parmi eux M. Riant, dont j'ai déjà parlé.

La loi française fait une obligation aux communes de fournir aux instituteurs un logement convenable. Je n'ai pas, ici, à examiner si partout ce logement répond à la pensée du législateur. Ce que je tiens à dire, c'est qu'il doit toujours faire partie intégrante de la construction, de ce que l'on appelle justement la maison d'école. En vivant au milieu de ses élèves, le Maître leur sert d'exemple même dans sa vie privée ; ils voient dans sa famille la mise en pratique des préceptes de morale, des règles de conduite que l'instituteur leur enseigne. J'ajoute qu'un bâtiment de cette importance ne doit pas être inhabité et qu'au surplus, il convient qu'à toute heure les autorités scolaires, les visiteurs et les parents des élèves puissent se mettre en rapport avec le directeur de l'école.

En Amérique, cependant, l'instituteur n'a pas son logement dans l'école. Cette particularité s'explique par le fait du mode de recrutement des maîtres. Tandis qu'en France, par exemple, la nomination de l'instituteur à tel poste a un caractère très-marqué de permanence, nos collègues américains ne sont investis de leurs fonctions que pour un temps déterminé et fort limité, trois mois, six mois, un an au plus. Il résulte de cet état de choses, c'est-à-dire de leur instabilité, de leur caractère ambulant, qu'ils ne peuvent traîner avec eux un mobilier personnel, et, partant, qu'il est inutile de leur faire un logement dans l'école.

MOBILIER

EXPOSITION SCOLAIRE DU CHAMPS-DE-MARS

Etant admis qu'au point de vue de sa situation, de sa construction et de son aménagement intérieur, l'école réunit toutes les conditions désirables, elle ne répondrait encore qu'imparfaitement aux besoins des élèves, si elle ne possédait un bon mobilier scolaire. C'est par l'étude de cette importante question que je terminerai la première partie de mon rapport.

Dans mes nombreuses, mes bien insuffisantes visites au Champ-de-Mars, j'ai constaté que l'amélioration du mobilier scolaire est l'objet de la sollicitude de tous les gouvernements. Mais cette préoccupation s'est magnifestée sous tant de formes diverses, s'est étendue à tant d'objets, qu'il faudrait beaucoup de temps, des connaissances spéciales et une plume mieux exercée que la mienne, pour faire utilement la description détaillée de tous les produits scolaires exposés.

Ce soin est le privilège de la presse en général, des publicistes qui traitent de l'enseignement primaire surtout, et en particulier, des membres d'une commission de savants instituée à cet effet par M. le Ministre de l'instruction publique.

Je me bornerai donc à faire la revue très-sommaire de l'exposition scolaire de chaque nation, et à vous communiquer en même temps, Monsieur l'Inspecteur d'Académie, les observations générales que j'ai recueillies.

L'exposition scolaire française formait le deuxième groupe, sous le titre : *Education et Enseignement* ; et, dans un ordre parfaitement étudié, se trouvaient :

1° l'exposition du ministère de l'instruction publique ;
comprenant l'enseignement à ses trois degrés: primaire,
secondaire et supérieur ; 2° dans une fort longue galerie
vitrée, l'exposition des travaux des écoles primaires de
France, divisées par académies et par départements ;
3° l'exposition du Pavillon de la ville de Paris, au centre
du Champ-de-Mars ; 4° et enfin l'annexe *Ferrand,* située
près de la porte Dupleix, en face de l'Ecole militaire.

C'est dans la galerie centrale qu'étaient disposées les
sections étrangères, et que l'on trouvait non sans peine,
au milieu de mille produits industriels et autres, les
objets formant la partie scolaire.

Cela dit, je reviens à l'exposition française, en com-
mençant par le Ministère de l'instruction publique, et
puis successivement à celle des autres nations en m'ap-
pliquant à faire ressortir le caractère particulier de
toutes.

FRANCE

1° *Ministère de l'Instruction publique.*—Dans une grande
salle formant trois salons distincts, était méthodiquement
rangé tout ce qui se rapporte à chaque ordre de notre
enseignement classique. Le premier, le seul dont je puisse
m'occuper, était représenté par les plans des écoles normales, du Nord, de Blois, de Montauban, etc. etc. ;
par l'école Monge de Paris, avec toutes ses dépendances
et son remarquable mobilier scolaire. A ces plans, les
uns en plâtre, les autres simplement mais artistement
dessinés, se joignaient des collections de minéraux et
d'autres produits de la nature, recueillis et classés par
les élèves-maîtres, et enfin des musées pédagogiques
pour l'instruction des instituteurs. Les écoles primaires
n'y figuraient que par quelques plans. En somme, tout y
était rangé avec beaucoup d'ordre, et l'ensemble accu-

sait une forte volonté de paraître d'une façon digne au jugement des visiteurs étrangers.

2º *Les départements.* — Dans la longue galerie vitrée dont j'ai parlé et qui était réservée à la section française, on remarquait entr'autres choses, de grandes cartes murales de géographie appendus aux murs ou renfermés dans des cartons qui paraissaient avoir l'habitude du voyage, et ensuite, mais dans un ordre peu réussi, les travaux géographiques, les cahiers des élèves et mille petits ouvrages à l'aiguille, au tricot, au crochet, à la navette, exécutés par les jeunes filles de nos écoles primaires et de nos salles d'asile même. Ces petits objets, robes, jupons, bas, couvertures, étaient renfermés dans des boîtes ou des armoires formant caisses de voyage ; et nos cahiers, sur lesquels je reviendrai en parlant de l'enseignement, occupaient les casiers d'une longue banque. Je n'ai jamais vu dans cette galerie que des inspecteurs primaires et surtout des instituteurs ou institututrices, cherchant, examinant, prenant des notes, et quelques personnes étrangères à l'enseignement, qui paraissaient s'être égarées dans le Champ-de-Mars.

3º *Le Pavillon de la ville de Paris.* — Au point de vue scolaire, le pavillon était sans contredit ce que l'Exposition universelle avait de plus remarquable.

Et, d'abord, c'était un modèle de salle d'asile au dixième de sa grandeur. Là rien n'y manquait : préau couvert avec lavabo au centre, des collections nombreuses servant pour les leçons de choses, de grandes tables quadrillées comme certains de nos cahiers de devoirs, et sur lesquelles les petits enfants s'exercent à écrire et à dessiner. Dans les salles, des gradins avec siéges distincts portant bras et dossier, et puis, comme à peu près dans tous les asiles, des porte-tableaux, des ardoises accrochées aux murs, des groupes semi-circulaires en fer autour desquels les enfants se rangent pour la lecture, etc.

A côté de cette charmante salle d'asile, on voyait, construit à la même échelle, un plan d'école primaire communale qui affectait une disposition particulière : le préau couvert occupait le rez-de-chaussée, et les salles de classe séparées les unes des autres par des cloisons vitrées, formaient le 1er étage du bâtiment. Le mobilier scolaire y était complet et surtout bien établi. Dans chaque classe on comptait 14 tables avec sièges isolés ; or comme elles étaient disposées de façon à ne recevoir que quatre élèves, il en résulte qu'on estime à Paris, que 56 est le nombre maximum d'élèves à confier à un seul maître. Tout près de ce type d'école communale en bois, on voyait une école de dessin avec un outillage tout spécial et des modèles en plâtre et sur papier pour tous les genres à étudier : le dessin linéaire, la figure, l'ornement et l'architecture.

Enfin on remarquait là, toujours en miniature, un vaste atelier pour la construction et la réparation du mobilier scolaire, un magasin général renfermant un approvisionnement de tables, bureaux, tableaux-noirs, balais, arrosoirs, etc. ; et un autre pour les fournitures classiques

J'espère que cette création, ce service spécial des écoles, dû à l'iniative de M. Gréard, l'éminent directeur de l'enseignement primaire de la Seine, sera un jour établi dans notre ville, et qu'ainsi nos écoles ne seront plus exposées à souffrir des lenteurs que l'on met quelquefois à les pourvoir du nécessaire.

4° *L'Annexe Ferrand*. — Un habile ingénieur parisien de ce nom avait exposé un ensemble de plans représentant une mairie flanquée, à droite d'une école de garçons, et, à gauche, d'une école de filles, avec le logement du maître et de la maîtresse. Dans cette remarquable construction, tout était prévu tout était fait selon les meilleures données de la science : hygiène, dimensions, éclairage, chauffage, cour, préau couvert avec lavabo et gymnase, cabinets d'aisance, etc. A ces conditions essentielles, M. Ferrand avait su joindre deux fort jolis petits jardins, l'un pour l'instituteur et l'autre pour l'institutrice.

Ce modèle, entièrement construit en fer et en briques

creuses ne coûte que 18,000 francs, et ses dimensions correspondent à une population de 1000 habitants, soit 100 élèves, garçons ou filles.

Je verrais volontiers les communes rurales de notre département qui ont à construire ou à reconstruire des établissements de cette nature, s'inspirer de ce type qui fait réellement honneur à M. Ferrand.

Je passe maintenant sans transition à l'exposition scolaire des nations étrangères.

Angleterre.

L'Angleterre, la première dans l'ordre successif des nations, en partant du côté du pont d'Iéna, ne se faisait peut-être remarquer que par l'abondance, le luxe et le confort de son matériel classique. Cinq ou six types différents de tables-bancs, parmi lesquels le genre Hammer avec ses tables quadrillées, donnait à l'exposition de ce pays le caractère d'un marché. Je suis tenté de dire que les fabricants de ces bancs avaient sur place des représentants très capables qui savaient recommander parfaitement leurs articles à l'attention du public.

Canada.

Le Canada avait une exposition bien supérieure à celle de sa Métropole. Belles cartes géographiques de toutes dimensions; plans en bois d'une école primaire et d'une école normale fort remarqués, et notamment un système très ingénieux pour suspendre, dérouler et enrouler les plus grandes cartes murales.

Ce sont des cordons passant sur de petites poulies en cuivre et terminés par un anneau pour les saisir facilement. Il ne diffère du système employé par nous pour relever et abaisser les stores, que par l'avantage de pouvoir disposer les unes sous les autres et sur un même cadre en bois, une dizaine de cartes qui ne sauraient trouver place sur les murs de nos salles de classe. Il est à désirer que ce système soit connu et adopté dans tous nos établissements scolaires.

Espagne.

L'Espagne, dont je ne veux point médire, avait mis plus d'amour-propre à nous exposer ses excellents vins qu'à nous montrer les progrès que fait chez elle l'instruction primaire. Elle n'avait cependant pas à les dissimuler, car de nos jours ils sont considérables.

Autriche-Hongrie.

L'Autriche-Hongrie avait une belle et bonne exposition. Cette nation a été une des premières d'Europe à signaler les inconvénients de l'ancien mobilier classique, à reconnaître la nécessité de le réformer, et, avec un empressement très louable, elle s'est mise à l'œuvre. Nous lui devons la plupart des nouveaux types de tables-bancs qui sont actuellement adoptés dans les écoles. Il y a lieu de penser que la parole du ministre Duruy : « Ce sont les instituteurs qui ont remporté la victoire de Sadowa ». a retenti jusqu'à Vienne.

Parmi les objets qui fixaient l'attention des visiteurs, il convient de citer encore ses photographies classiques pour les leçons de choses à faire aux enfants. C'est la nature prise sur le fait . les montagnes avec leurs pics et leurs bois ; les fleuves, les mers, les villes avec leurs grandes rues, leurs beaux magasins et leurs monuments ; la campagne sous tous ses aspects, les fermes, les troupeaux, les principales espèces d'arbres, les récoltes, les industries, etc. Ces vues stéréoscopiques qui faites à un grand nombre d'exemplaires, coûteraient certainement fort peu, présentent un véritable intérêt et me paraissent dignes de figurer dans nos classes élémentaires.

Italie.

L'Italie, avec un matériel classique qui n'offrait rien de particulier, avait exposé des cartes en relief et des tableaux d'histoire naturelle d'un véritable mérite. Mais ce qui frappa surtout mon attention, ce sont les travaux de broderie exécutés par les jeunes filles de ses écoles. Des trousseaux complets de petites fillettes, en dentelle d'une finesse extrême, s'étalaient aux yeux des visiteurs qui recherchaient en tout la supériorité des produits scolaires. Je n'entrevois pas bien encore le côté pratique de ce joli travail ; mais ce qui est bien est bien ; et j'avoue que nulle part je n'ai vu ce fini, ce ton délicat, cet extrême bon goût qui caractérisaient les cartons des jeunes italiennes.

Russie.

La Russie peut à bon droit être fière de son exposition scolaire. Rien n'y manquait, et tout était remarquablement bien. Décidément ce pays marche à pas de géant. Il sera parti plus tard, mais il arrivera à être un des plus avancés de l'Europe sous le rapport de l'instruction. Il lui faudra sans doute un temps relativement long pour que ses 86 millions d'habitants européens profitent également des améliorations introduites dans son enseignement public ; mais avec la paix intérieure et le bon vouloir de son gouvernement, elle sera sous peu universellement dotée d'un sytème scolaire qui lui assurera des progrès sûrs et rapides.

Son exposition comprenait notamment des musées pédagogiques pour les maîtres et des musées spéciaux

pour les élèves ; un système armillaire pour l'enseignement de la cosmographie aux enfants ; des appareils
gymnastiques, des tableaux d'histoire naturelle, des dessins très variés, des collections pour leçons de choses,
des cahiers contenant des devoirs qui décélaient le bon
maître, la bonne méthode, enfin des statuettes d'environ
vingt centimètres de hauteur qui représentaient les différents types de cette immense contrée. Ces figurines, disait-
on, étaient aussi l'œuvre des élèves.

Suède.

La Suède s'occupe avec beaucoup de sollicitude de ses
écoles. Son matériel de classe et ses méthodes d'enseignement prouvaient qu'elle est à la recherche des réformes les plus utiles à introduire dans son système scolaire.

Belgique.

La Belgique figurait avec honneur au milieu de toutes
les nations. L'agriculture et l'industrie ne seraient pas
arrivées à un si haut degré de perfectionnement dans ce
pays ; l'amour de la liberté, de la paix et du travail n'y
serait pas si fortement ancré, si depuis son indépendance
politique le gouvernement n'avait pris soin d'y propager,
d'y développer, l'instruction primaire.

Suisse.

L'exposition de la Suisse était également fort brillante.
Ses cartes géographiques en carton-pierre étaient d'un
effet saisissant ; l'altitude de ses belles montagnes n'était
probablement pas figurée avec une exactitude rigoureuse ;

mais les pics, les glaciers, les vallées, les cours d'eau, le Rhône en particulier, étaient représentés avec un art infini. Plus on les regardait, plus ils paraissaient se rapprocher du naturel. Avec cela, des photographies d'études, des dessins, des herbiers, des musées, des tableaux d'histoire naturelle, une collection des oiseaux utiles et un mobilier classique qui ne le cédait en rien à aucun autre.

Etats-Unis.

Les Etats-Unis avaient incontestablement la plus belle et la plus complète exposition scolaire. On prenait plaisir à examiner le matériel classique, les plans des écoles à tous les degrés, les atlas, les dessins, les ardoises avec vignettes en marge, les musées et surtout les remarquables compositions des élèves de tout âge, réunies en volumes richement reliés en cuir de Russie. Les livres classiques y étaient à profusion et toutes les leçons étaient conçues, disposées de façon à frapper l'imagination des enfants. Bien certainement nos atlas du premier âge ne valent pas ceux que j'ai vus là. Détail important: atlas, livres, cahiers, etc., étaient d'un bon marché excessif. En somme, l'ensemble de l'exposition attestait l'enthousiasme de ce peuple pour l'instruction et faisait facilement deviner que dans ce pays l'enseignement est bien organisé, que les programmes d'études sont élaborés avec soin, imposés aux instituteurs, qui les remplissent rigoureusement, et, enfin, que les procédés sont bons et que les maîtres et les élèves font leur devoir.

Japon.

Le Japon a le bon esprit d'être très méthodique. Les instituteurs sont consultés par le gouvernement sur tout ce qui intéresse l'instruction primaire, et puis, lorsqu'une décision gouvernementale est prise, elle devient absolument obligatoire. Chaque genre d'école a sa définition, ses statuts, ses réglements, son programme, son mobilier. Cette uniformité laisse peu d'initiative aux maîtres, j'en conviens ; mais, en revanche, le progrès est assuré et suit une marche ascensionnelle qui mettra bientôt ce pays au rang des nations les plus civilisées.

Son mobilier, par exemple, est tout à fait commode pour les enfants. Les tables ou pupitres sont fixes, mais les bancs toujours appropriés à la taille des élèves, sont mobiles et à dossier. Cette complète liberté de corps pour les élèves me plaît infiniment.

Les Japonais sont aussi des gens très pratiques. Les petites ardoises des écoliers m'ont révélé cette grande qualité; elles portent en marge de fort jolis dessins gradués et gravés au burin, que les élèves s'exercent à imiter et qu'ils reproduisent plus tard sur ces charmants petits objets en laque qu'ils expédient dans tout l'univers.

Chine

L'exposition Chinoise ne mérite pas d'être mentionnée.

Allemagne.

L'Allemagne était absente...

Je ne puis clore cette partie de mon rapport sur l'exposition scolaire sans exprimer mon jugement sur la grande question du jour, la table-banc, qui est la partie essentielle du mobilier, et, pour cette raison, une préoccupation commune à tous les Etats civilisés.

M. Gréard, directeur de l'enseignement primaire dans le département de la Seine; M. Cardot, ingénieur et ancien administrateur de Paris ; MM. Lenoir, André et Bapterosses, pour la France ; M. Audan, instituteur et M. Amphoux, pour Marseille ; M. Andrews, pour l'Amérique ; MM. Colman, Glendennig et Hammer, pour l'Angleterre ; M. Farhner, pour la Suisse ; MM. Kunze, Rudisch et Wachendrodez, pour l'Autriche ; M. Sandberg, pour la Suède; et, enfin, M. Belot, pour la Belgique, avaient exposé des tables-bancs qui, à des titres divers, jouissent actuellement de la faveur publique.

Je n'en décrirai aucune parce qu'elles ont entre elles beaucoup de ressemblance et qu'elles outrepassent toutes, à mon avis, le but poursuivi par les hygiénistes dans la réforme de notre vieux mobilier.

Dans une conférence dont les instituteurs délégués auront sans doute conservé un bon souvenir, M. de Bagnaux s'appliquait à faire ressortir les principaux défauts de la table-banc dont nous nous servons encore à peu près partout en France. Entr'autres vices de construction il signalait : la trop grande distance, 12, 14 centimètres, qu'on laisse entre le banc et la table ; le manque d'appui à hauteur convenable pour les pieds; l'inclinaison irrationnelle du pupitre ; l'absence de dossier au banc, enfin, l'adoption d'un type unique de tables pour des enfants de taille très différente.

Par une distance trop considérable, disait-il, entre la table et le banc, on force l'élève à ne s'asseoir que sur le bord antérieur du siége et à se pencher ainsi sur la table en forme d'arc-boutant.

Il peut résulter de cette position : 1° une déviation de la colonne vertébrale; 2° une compression très domageable de la poitrine ; 3° la myopie, à cause du trop grand rapprochement des yeux du livre ou du cahier, et de l'angle très aigu que forment alors la table et le rayon visuel de l'œil de l'élève.

Si la table n'a point de traverse servant d'appui-pieds,

3

ou si les pieds de l'enfant n'atteignent pas facilement le sol, ses jambes se balancent, s'alourdissent, ne prennent aucune position convenable, et, par suite, une grande lassitude se manifeste, le corps s'affaisse, les reins souffrent et l'épine dorsale aussi. Ce danger est aggravé par l'absence du dossier aux siéges.

L'inclinaison trop grande ou trop petite du pupitre nuit à la position des bras qui perdent pour lors toute leur souplesse.

Enfin, la même table, trop haute pour certains élèves et trop basse pour d'autres, force les premiers à se tenir debout toute la journée et les seconds, à se pencher lourdement en avant, à prendre une mauvaise attitude et à se fatiguer la poitrine.

C'est cette louable préoccupation qui faisait dire à M. de Bagnaux : « *Les tables et les bancs doivent se plier aux exigences de l'élève, et non l'élève à se conformer à la table et au banc.* »

Remarquons maintenant, M. l'Inspecteur d'Académie, que l'on a mis plusieurs siècles à s'apercevoir des défectuosités de notre mobilier classique, et puis qu'un jour, toutes les nations ont soudainement ouvert les yeux et produit à l'envi un si grand nombre de modèles de tables que le Champ-de-Mars en était comme encombré.

Je ne voudrais voir dans ce mouvement universel que le désir d'être utile à l'intéressante population de nos écoles ; j'aurais voulu pouvoir ne pas constater que les auteurs de ces tables nouvelles se sont presque tous copiés les uns les autres ; enfin, j'aurais vivement souhaité et je souhaite encore de trouver celle qui répond complètement aux nécessités hygiéniques si bien développées par notre honorable conférencier.

Je loue sans restriction les efforts tentés jusqu'ici pour construire cette table modèle ; mais, à mon humble avis, la réforme ou remède qu'on nous propose est pire que le mal.

Voici le principe fondamental communément admis aujourd'hui : distance *nulle* entre la table et le banc, et comme conséquence pour l'élève, angle droit du thorax avec la cuisse et de la cuisse avec la jambe ; avec cela un banc ou siége portant dossier et mesurant en moyenne 25 centimètres de largeur.

Je conviens qu'ainsi pressé entre le dossier et la table et comme pris dans un étau, l'élève aura une attitude géométrique parfaite et que ses mouvements, qui troublent d'ordinaire un peu la classe, seront ainsi très mesurés ; mais j'affirme aussi que cet enfant souffrira constamment, qu'il éprouvera une fatigue générale peu faite pour lui faire aimer l'école, et surtout que sa respiration ne sera pas libre. M. Riant, comme M. de Bagnaux, veut que nos tables soient modifiées, mais il veut en même temps que nos élèves respirent à pleins poumons et qu'on respecte leur liberté de mouvement.

On nous dit qu'avec les anciens bancs sur lesquels cependant tant de générations ont passé leur enfance, nous faisons des bossus et des myopes. Je ne m'en suis jamais aperçu. Mais ce dont je suis bien certain, c'est qu'avec le nouveau mobilier nous ferions des poîtrinaires. Représentez-vous, en effet, Monsieur l'Inspecteur d'Académie, une fille de 13, 14, 15 ans même (nous en avons beaucoup de cet âge dans nos écoles), ayant la poitrine comprimée entre le dossier et la table, et jugez si cette situation n'est pas faite pour inspirer des craintes sérieuses.

Quant à la myopie accidentelle, il me paraît oiseux de vouloir l'attribuer exclusivement aux vices constitutionnels de nos bancs. On constate en vérité, que le nombre des myopes est beaucoup plus considérable aujourd'hui qu'autrefois ; mais il convient de reconnaître aussi que le nombre des étudiants a augmenté dans une grande proportion, et que c'est surtout dans la classe aisée de la société, celle qui fournit le plus de lycéens, que l'on compte le plus de myopes. Je n'irai pas jusqu'à dire que le lorgnon est le signe distinctif du savoir, mais je crois pouvoir affirmer que bien peu des étudiants sérieux qui passent 15 et même 20 ans sur les bancs de l'école, échappent à cette difformité particulière de la vue.

Et maintenant, étant donné que le mobilier des lycées est à peu de chose près aussi défectueux que celui des écoles primaires, faut-il en conclure que la myopie débute ici pour s'aggraver là ? Je ne le pense pas. Rare chez les habitants de la campagne, plus rare encore chez les riverains de la mer et les marins, la myopie est au contraire commune à la ville et notamment très fréquente chez les jeunes gens qui, dans les classes ou dans leur cabinet, se livrent à de longues études.

Des tables statistiques dressées et communiquées par M. Nicati, docteur oculiste de Marseille, établissent en effet que les myopes sont de :

1 pour 0ᵢ0	à la campagne,	
8 —	à la ville,	
17 —	externes,	} lycée
39 —	pensionnaires.	

L'explication de ce fait ne peut raisonnablement pas se trouver dans la forme du pupitre ou du bureau ; elle est évidemment ailleurs et tient à des considérations d'une autre nature.

L'homme des champs, le chasseur, le marin se trouvent toujours dans des flots de lumière, et leur horizon est sans bornes ; ils voient par conséquent de loin et sans effort, et leur vue ne s'oblitère pas. Les quelques années qu'ils passent sur les bancs de l'école ne peuvent certainement rien contre les effets de cette heureuse situation.

L'étudiant, le bureaucrate, l'ouvrier en chambre ne recevant au contraire qu'un jour douteux et souvent insuffisant, font de continuels efforts pour voir distinctement, et comme leurs yeux ne portent d'ailleurs que sur des objets très rapprochés, cette contraction continuelle de l'organe et cette autre manière d'être déterminent fatalement la myopie. J'ajoute au surplus que sans cesse courbés sur des pages à peu près illisibles et sur des volumes à caractères microscopiques, les étudiants en particulier sont forcément condamnés à devenir myopes

Ces quelques réflexions m'entraînent à penser que tout le mal est là, qu'il est pour lors irrémédiable et que les divers reproches faits au banc de nos écoles sont au moins exagérés.

Oh! sans doute, les nouvelles tables sont plus jolies et plus chères pour la plupart que les anciennes, elles sont d'ailleurs à la mode; mais l'expérience démontrera bientôt que malgré leur élégance, leurs pupitres distincts à coulisses ou à charnières, elles ne valent pas leurs aînées.

Et puis comment faire asseoir des adultes sur des siéges dont le dossier serait distant seulement de 25 centimètres du bord de la table ?

Je m'étonne d'avoir cédé au désir de faire cette interminable démonstration lorsqu'il suffisait de dire que non-seulement l'enfant mais l'homme lui-même, soit qu'il écrive, soit qu'il lise, éprouve le besoin de remuer sans cesse, de changer à chaque instant de position, et qu'il lui est par conséquent impossible de conserver l'attitude rectiligne qu'on veut imposer à nos élèves. Que les fabricants de bancs selon la formule s'observent eux-mêmes lorsqu'ils sont assis pour quelques heures devant leur bureau, et ils seront forcés de convenir que mon dire est fondé.

Etant donné que l'enfant est essentiellement mobile, sachons reconnaître que cette mobilité est nécessaire, et que toute contrainte est à la fois antipathique à sa nature et nuisible à son développement physique.

Comme tout le monde, je reconnais les imperfections notables de notre vieux mobilier ; mais par raison d'économie, je crois qu'il convient, au lieu de l'abandonner, de se borner à lui faire subir les transformations nécessaires et de les ramener ainsi au type que je vais essayer de décrire et que je propose d'adopter.

1° Faire invariablement la table de quatre places au lieu de sept, pour en faciliter l'installation dans toutes les classes, dont les dimensions sont souvent très variables.

La table à deux places doit être rejetée parce que n'ayant

pas assez d'assiette, elle ne présente pas des garanties suffisantes de solidité ;

2° Avoir au moins trois hauteurs différentes de tables afin qu'elles conviennent toujours à la taille des élèves ; et avec cela, des siéges qui corresdondent à la hauteur des tables et à la longueur des jambes des enfants. Dans ces conditions, l'appui-pieds doit être supprimé ;

3° Remplacer les bancs par des siéges à une ou à deux places, fixés aux tables, portant dossier, mesurant de 25 à 35 centimètres de largeur, et distants de la table de 2 à 3 centimètres, afin que les élèves puissent s'asseoir et se lever facilement, qu'ils aient un peu de liberté de mouvement et respirent à leur aise ;

4° Etablir le siége à une hauteur telle, que les élèves étant assis, se trouvent avoir les yeux à 20 ou 25 centimètres au-dessus de la table ;

5° Enfin, donner à la table une inclinaison de 8 à 10 degrés.

Moyennant ces petites réformes, qu'on peut réaliser sans augmenter considérablement le prix des tables, nous aurons un mobilier solide, commode et qui répondra à toutes les exigences de l'hygiéne.

Monsieur l'Inspecteur d'Académie,

La conclusion pratique de ma course rapide à travers le Champ-de-Mars est tout entière dans les observations que je viens d'avoir l'honneur de vous exposer sur le mobilier classique et sur la construction de l'école et de ses dépendances. Si j'ai traité cette question avec plus d'ampleur que les deux qui vont suivre sous les titres : *Elève* et *Maître*, c'est qu'en l'état de notre organisation scolaire je la considère comme la plus pressante, celle qui, à tous les égards, demande d'être étudiée avec le plus de sollicitude.

La revue que nous avons faite de l'exposition étrangère nous a bien permis de mettre en relief tels et tels objets classiques d'une valeur incontestable, tout nouveaux pour nous, et que nous pourrions introduire dans nos classes ; mais au point de vue de l'enseignement proprement dit, les instituteurs français n'ont pas pu faire des comparaisons sérieuses, utiles, entre leurs procédés et ceux des maîtres étrangers ; ils ont constaté des résultats, mais, privés de tout moyen de contrôle, il leur est difficile de les apprécier à leur juste valeur. Chaque nation, d'ailleurs, a des mœurs qui lui sont propres, un tempérament particulier, des aspirations diverses, des besoins et des goûts qu'il lui faut satisfaire, des aptitudes et des tendances qui sont sa voie et qui la caractérisent. L'outillage scolaire pourra donc nous venir quelquefois de l'étranger, mais nous garderons toujours précieusement notre méthode, parce que c'est celle du raisonnement et non du fait, et partant la meilleure.

La seule chose qui nous restera de notre visite à l'Exposition étrangère, c'est que les divers peuples amis qui ont si gracieusement répondu à l'appel de la France, nous auront laissé un souvenir durable de leur physionomie et une impression profonde du souffle puissant qui les pousse irrésistiblement tous vers la civilisation.

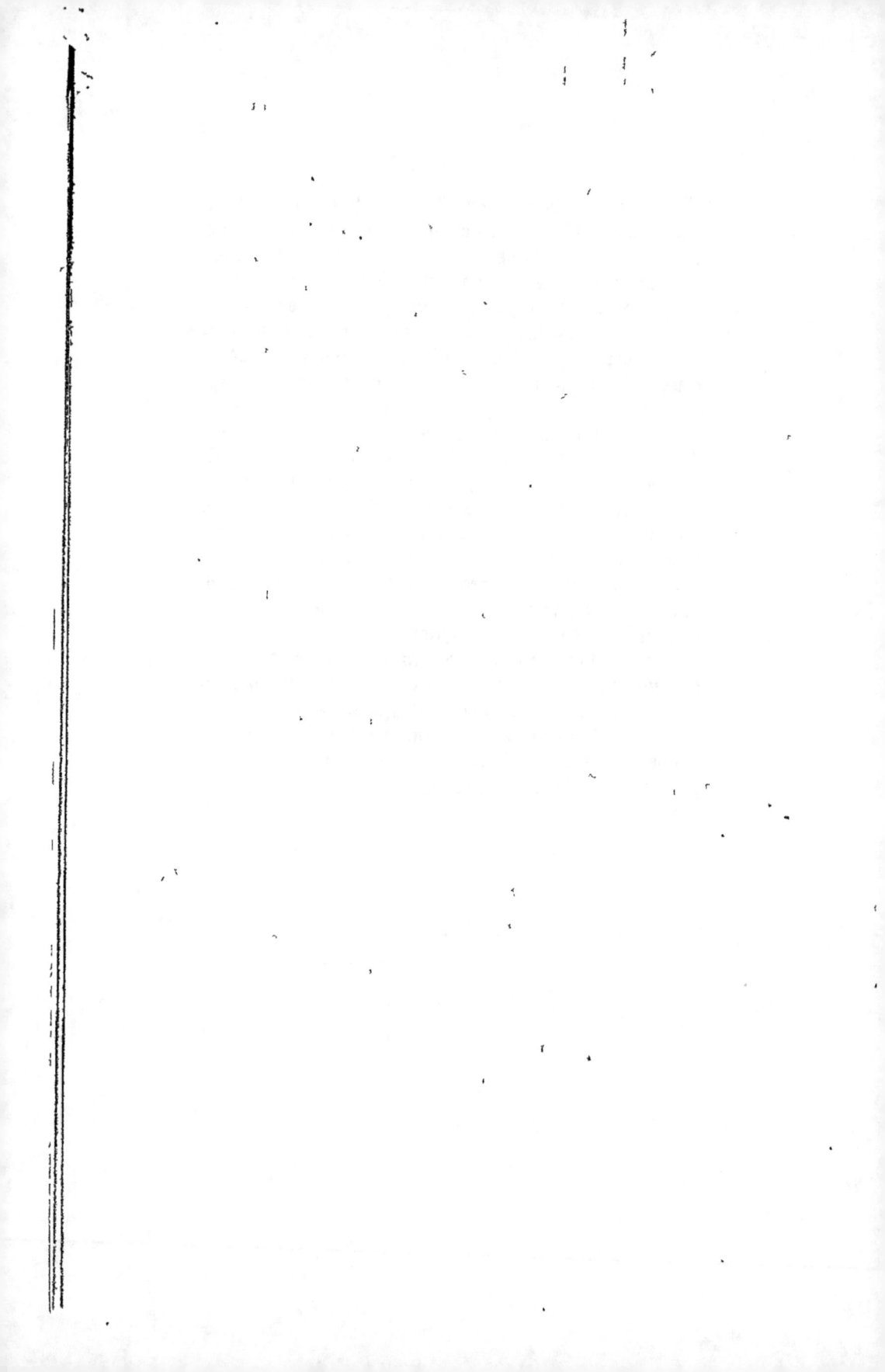

L'ÉLÈVE

GRATUITÉ ET OBLIGATION DE L'INSTRUCTION PRIMAIRE

Les nombreuses améliorations que les hygiénistes et les instituteurs réclament pour assurer le bien-être physique des élèves ne sauraient faire perdre de vue l'immense intérêt qui s'attache également à leurs progrès moraux et intellectuels.

De là découle la nécessité de rechercher avec non moins de soin si notre système scolaire, tel que l'ont créé les lois de 1833, 1850 et 1867, répond aux exigences de notre époque, si le niveau des études primaires est suffisamment élevé et à la hauteur de celles des autres nations ; si nous sommes en mesure de préparer cette génération d'hommes qui, par leurs vertus et par leur savoir, doivent être un jour, non-seulement la force, mais l'honneur et la gloire de notre pays.

La première République proclama la *Liberté* ; la seconde fonda le *suffrage universel* ; il appartient à la troisième de décréter l'*instruction primaire gratuite et obligatoire*, sans laquelle la liberté et le suffrage universel sont et demeureront deux utopies.

C'est donc sur cette base que doit reposer désormais notre système scolaire.

La loi précitée de 1833 avait reconnu la nécessité de faire jouir du bénéfice de la gratuité un nombre très limité d'enfants pauvres ; les lois de 1850 et 1867 l'étendirent à tous ceux qui sont hors d'état de payer la rétribution. Mais l'aveu de leur misère et l'obligation de faire inscrire leurs enfants sur la liste des indigents ont toujours répugné à un grand nombre de familles, et il en résulte que dans plus de 20,000 communes rurales, où la gratuité absolue n'est pas encore établie, près de 200,000 enfants sont, pour cette raison, privés de toute instruction.

Ce fait explique le rang modeste que nous occupons dans la statistique scolaire de l'Europe.

Depuis quelques années cependant une forte impulsion a été imprimée aux communes en faveur du régime de la gratuité complète. Encore un effort de la part du Gouvernement et cette grande question, dont la France doit retirer un si considérable avantage, sera définitivement tranchée.

Sans la gratuité, l'obligation est impossible, et sans l'obligation, la gratuité aura encore des réfractaires. Ces deux principes se complètent, il faut les appliquer tous les deux. Au surplus, nous ne ferons qu'imiter en cela l'Amérique et la plupart des Etats de l'Europe qui consacrent d'ailleurs au service de l'instruction un 7me, un 8me, un 9me de leur budget, tandis que la France en est seulement au 17me, soit, pour l'instruction primaire, une dépense de 150 millions de francs payés par l'Etat, les départements ou les communes, pour 4 millions 1/2 d'enfants des deux sexes répartis dans près de 60,000 écoles communales.

Examinons maintenant notre situation scolaire au point de vue de l'enseignement :

Je ne m'occuperai pas des écoles privées, l'instruction que les enfants y reçoivent échappant à tout contrôle officiel. Je dirai seulement que depuis une dizaine d'années ces établissement ont considérablement perdu en importance. On n'en voit à peu près plus dans les villages, et, dans les grandes villes, le nombre en diminue chaque jour.

C'est donc vers l'enseignement public que j'ai porté toute mon attention.

ENSEIGNEMENT

CONFÉRENCES DE LA SORBONNE

Après avoir relaté les précieux conseils de M. Riant sur
la construction et l'hygiène de l'école, et de M. de Bagnaux sur le mobilier scolaire, proscrivant avec raison
tous les objets mécaniques que on essaye de substituer
aux leçons raisonnées du maître, je crois devoir, au début
de cet article, mentionner les diverses instructions que
d'autres savants conférenciers donnèrent aux instituteurs
délégués dans le vaste amphithéâtre de la Sorbonne.'

Dans un langage bien simple et très précis, M. Maurice
Girard exposa aux 2,000 maîtres, réunis dans la salle,
la nécessité d'ajouter au programme des écoles primaires,
des notions applicables aux usages de la vie sur la physique, la chimie et l'histoire naturelle. Le professeur indi-
qua ensuite les principales formes sous lesquelles doit
être présenté cet enseignement. Les leçons, disait-il,
seront essentiellement pratiques, faites sans préparation,
sans méthode, improvisées et sur le ton de causeries
familières, on en exclura les termes techniques, et les
démonstrations seront tellement à la portée des enfants
qu'elles devront, par leur application immédiate, satisfaire
à leurs besoins professionnels dans l'industrie, le commerce, l'agriculture et l'hygiène. Et puis, joignant l'exemple à la parole, il fit quelques expériences de physique et
de chimie sur la lumière, la pesanteur, la décomposition
de l'eau, etc., qui donnèrent à sa conférence le caractère
d'une leçon faite aux instituteurs.

Tout fut bien dans l'exposé de M. Maurice Girard ;

mais je crois qu'il commet une grande erreur lorsqu'il recommande d'enseigner sans méthode, sans suite et comme des faits divers qui sont sans liaison, sans cohésion entre eux.

A son tour, M. Michel Bréal, professeur au Collége de France et membre de l'Institut, nous fit une intéressante conférence sur l'enseignement de la grammaire.

Après avoir esquissé à grands traits l'historique de la langue française, le conférencier recommanda l'étude des mots par la dérivation, toucha aux préfixes et aux suffixes, consacra la connaissance de quelques principes grammaticaux, et puis, notre présence lui rappelant sans doute la fatigue, l'ennui de ses premières études, il jeta presque le ridicule sur le soin que l'on prend encore dans les écoles primaires d'étudier les exceptions, les difficultés orthographiques, l'analyse, la conjugaison des verbes, etc.

Toujours simples, toujours pratiques, ces éminents professeurs de l'enseignement secondaire ou supérieur! Il leur semble que l'instruction primaire peut s'acquérir comme en jouant, sans grands efforts des maîtres et des élèves. Ils se trompent. Ils verraient les choses sous leur véritable aspect, s'ils considéraient la jeunesse et la nature tout à fait inculte de nos écoliers; ils comprendraient aussi la véritable nécessité d'habituer les élèves à réfléchir, à raisonner, s'ils se rendaient compte, d'une part, de leur candeur native, et, de l'autre, des progrès qu'ils sont tenus de faire en quatre ou cinq ans, s'ils veulent subir avec succès l'examen du modeste certificat d'études, difficile notamment sous le rapport de l'orthographe grammaticale.

J'approuve fort, au contraire, M. Michel Bréal lorsqu'il conseille de ne pas proscrire absolument les patois.

Dans bien des cas, en effet, l'élève trouve par la prononciation de certaines désinences, la finale qu'il faut donner aux mots français; dans d'autres, s'il faut écrire par exemple, le son *an* par *a* ou par *e*, etc., etc. Au surplus, tous les Français ne sont pas à Paris, et je ne vois aucun inconvénient à ce que chaque province soit en quelque sorte caractérisée par un costume et un langage qui lui sont propres, quand je suis assuré que Provençaux, Auvergnats, Bretons, répondent tous : Présent ! quand la France a besoin de leurs bras.

M. Buisson, chef de la délégation envoyée par le Ministère de l'instruction publique à l'exposition universelle de Vienne et de Philadelphie, voulut bien, lui aussi, communiquer aux instituteurs le résultat des observations que ses études et ses voyages lui avaient suggérées en matière d'instruction élémentaire. L'auditoire, toujours empressé, toujours avide d'apprendre, suivit avec une véritable satisfaction l'excellent conférencier dans sa démonstration de l'enseignement intuitif. Juger des causes par leurs effets, définir les objets par leurs qualités ou par le rôle qu'ils jouent, les services qu'ils rendent, telle est la méthode à suivre avec les enfants, si l'on veut de bonne heure, disait-il, former leur jugement, développer leur esprit, leur donner des connaissances aussi solides que variées, et les rendre aptes à tout saisir, à tout comprendre. M. Buisson est dans le vrai. Passant ensuite de cet ordre d'idées aux leçons de choses qui sont en quelque sorte la création de feu Mme Carpentier, une des illustrations de la pédagogie française, il fit ressortir, dans un langage abondant et très spirituel, tout le profit que les instituteurs doivent en tirer. M. Buisson fut tout particulièrement applaudi.

C'est à la suite de cette conférence, mais ceci pour mémoire seulement, que M. Berger nous initia à la découverte du phonographe par l'américain Edison, et le fit ensuite parler et chanter.

Les instituteurs conserveront longtemps le souvenir de ces matinées passées dans la vénérable Sorbonne. A l'honneur d'avoir siégé sur des bancs qui ont reçu toutes les gloires littéraires et scientifiques de la France, s'ajoutera pour eux l'avantage d'avoir recueilli d'utiles enseignements qu'ils transmettront à leurs élèves pour le bien général de notre cher pays.

ETABLISSEMENTS SCOLAIRES

SALLE D'ASILE

La salle d'asile, si bien appelée *Ecole maternelle* par l'administration Marseillaise et *Ecole du premier âge* par M. le ministre de l'instruction publique, m'a toujours paru devoir répondre à l'un des premiers besoins des familles. Cette pensée m'avait conduit, en 1860, à demander qu'aucune commune de France ne fût privée d'un si utile établissement.

Dans l'une de mes excursions au Champ-de-Mars, je vis à l'exposition scolaire du Japon divers imprimés sous forme de cahiers illustrés, et écrits les uns en français et les autres en anglais ou en chinois. Certain de trouver là un nouvel aliment à ma curiosité ou quelques bonnes notes à recueillir, j'ouvris à tout hasard l'une de ces brochures, et, en tête de la première page, je lus ce titre : *Salle d'asile.* Voici textuellement la belle définition de l'asile, formant l'article 1er du réglement. « *L'établissement de la salle d'asile destinée aux enfants qui n'ont pas atteint l'âge d'étude, a pour but de développer leurs sentiments naturels, d'éveiller leurs pensées, d'affermir la santé de leurs corps, de les habituer aux relations amicales et de les accoutumer à la bonne conduite.* » A côté de ce règlement se trouvaient en termes non moins précis et aussi dignes, celui de l'école primaire et ceux de toutes les écoles spéciales du Gouvernement. Mais je reviens au premier dont l'expression *éveiller leurs pensées*, en parlant de tout petits enfants, avait particulièrement frappé mon esprit.

Telles qu'elles sont aujourd'hui organisées, nos salles

d'asile sont véritablement des écoles du premier âge, et en quelque sorte la pépinière des écoles primaires.

C'est là qu'à défaut souvent de toute éducation domestique et de ces mille petits soins qui sont la santé, la vie quelquefois des enfants, ces nombreux et bien intéressants petits êtres trouvent des maîtresses dévouées qui les couvrent de leur affection et les embellissent de ces charmantes qualités qu'on appelle ordre, propreté, politesse, obéissance. Mais les règlements exigent plus encore. Ils veulent, comme au Japon et ailleurs sans doute, qu'on *éveille les pensées* des enfants, et c'est pour cela qu'on tente de leur apprendre à lire, à compter, à crayonner sur l'ardoise, etc. Il est admis que l'instruction qu'ils reçoivent à l'asile est et doit être peu de chose ; mais je crains que ce peu même ne leur soit donné d'une façon trop mécanique. On a généralement souci d'arriver vite, très vite, de fatiguer leur mémoire par la récitation d'une foule de petites choses, et, pour obtenir ce pénible et tout à fait inconscient résultat, on a peut-être le tort de parler trop à leurs oreilles et à leurs yeux, et pas assez à leur petit esprit. Au lieu de leur apprendre ce qu'on leur apprend, je préférerais qu'on leur apprît à apprendre, qu'on *éveillât leurs pensées*, que l'on formât leur raisonnement, qu'on les fît mouvoir et parler plus souvent et avec plus de liberté. Cette double gymnastique du corps et de l'esprit, qui développerait plus rapidement leurs forces physiques et leurs aptitudes intellectuelles, vaudrait mieux, à mon avis, que ces signes, ces mouvements cadencés qui font ressembler les enfants à des automates.

Cette légère critique faite, je m'empresse de rendre hommage au dévouement des maîtresses et à l'admirable tenue de leurs établissements.

ÉCOLE PRIMAIRE

Je passe maintenant à l'école primaire, c'est-à-dire à l'étude de la question qui domine toutes les autres, celle de l'instruction classique du peuple.

J'appelle méthode d'enseignement la meilleure marche à suivre pour assurer et activer les progrès des élèves. Le succès dans les études dépend donc moins de l'étendue du programme que de la manière d'enseigner.

J'ai lu plusieurs traités de pédagogie et une foule de livres classiques ; j'ai suivi pendant longtemps des journaux traitant exclusivement de l'instruction primaire, mais nulle part je n'ai trouvé d'utiles leçons sur l'art si difficile d'enseigner. Les écoles normales mêmes, je regrette d'être amené à le dire, ne tirent pour la plupart qu'un médiocre avantage de l'école d'application qui y est annexée, négligent peut-être trop le soin important de former des maîtres pratiques.

Je crois que tous les instituteurs actuellement en exercice rivalisent de zèle pour répondre le plus convenablement possible à ce que les populations attendent de leur dévouement et de leur modeste savoir ; mais de l'examen de nos rapports il ressortira que chaque maître a ses vues particulières, des procédés qui lui sont propres, des tendances marquées pour telle faculté au détriment de telle autre et qu'en somme il y a dans l'enseignement primaire un manque absolu d'unité.

PROGRAMME NATIONAL UNIFORME. — Pour remédier à ce grave inconvénient et pour former les maîtres à la méthode, je voudrais voir le gouvernement établir en France un programme d'enseignement primaire uniforme, plus rationnel et rigoureusement obligatoire.

Cette grande réforme aurait pour effets immédiats de faire régulièremnt et rapidement progresser l'instruction primaire dans toute l'étendue de la République ; de don-

ner aux instituteurs un guide sûr ; d'assurer aux élèves
la même direction malgré le changement de leurs maîtres ;
de rendre plus efficace l'action de MM. les Inspecteurs
primaires, parce qu'elle porterait sur des notions écrites
et connues de tous les instituteurs ; et, finalement, elle
offrirait un bon moyen d'établir le mérite professionnel
des membres du corps enseignant.

D'un autre côté, par la création de cet enseignement
uniforme et national, l'État serait certain de satisfaire à
tous les besoins moraux et intellectuels de la jeunesse,
et il aurait, en outre, par la direction exclusive des études,
l'assurance qu'aucune influence ne saurait désormais plus
gêner ou entraver la sienne.

A cet effet, trois programmes seraient nécessaires : le
premier correspondrait aux besoins des communes rurales, le second aux centres industriels et le troisième
aux ville commerçantes.

Mais, *qui veut la fin veut les moyens.* Pour assurer la
parfaite exécution de ce plan d'études, il serait indispensable que le programme d'enseignement des écoles normales subît les modifications indiquées par la nouvelle
disposition et l'extension à donner à celui des écoles primaires ; il faudrait que, n'admettant plus à l'avenir qu'une
espèce de brevet de capacité, les examens portassent sur
toutes les matières contenues dans le nouveau programme ;
il faudrait, enfin, que le cours normal fût de quatre ans
au lieu de trois, afin que les élèves-maîtres eussent le
temps d'acquérir toutes les connaissances voulues et de
faire à l'école annexe un cours d'application sérieux.

J'avais émis cette idée d'un programme uniforme pour
toutes les écoles primaires de France longtemps avant que
les États-Unis, le Canada et le Japon l'eussent mise en
pratique.

Or, tandis qu'avec ce système les Américains appren-
nent simultanément l'anglais et le français et que les
Japonais de 13 à 14 ans sont tenus de connaître ces deux
langues et l'allemand, les instituteurs français sont tout

4

heureux de présenter annuellement quelques élèves de cet âge à l'examen du certificat d'études.

CERTIFICAT D'ÉTUDES PRIMAIRES.— De cette constatation que j'ai faite uniquement pour établir la supériorité de ces pays sur le nôtre, et partant l'excellence de mon système, il ne s'ensuit pas que je veuille déprécier notre petit diplôme de l'instruction primaire, que j'appelais de tous mes vœux depuis longtemps. J'estime, au contraire, qu'il a une grande valeur, et je suis tout particulièrement heureux de trouver ici l'occasion de vous féliciter, M. l'Inspecteur d'Académie, de l'avoir, le premier, institué dans notre département. C'est le point de départ du progrès général que MM. les Inspecteurs primaires ont remarqué dans les écoles. Si les instituteurs considèrent le certificat d'études comme une sanction, les parents y voient un moyen, et les élèves le recherchent parce qu'à leurs yeux il marque le terme de leurs études et qu'il est, en outre, la plus haute, la plus honorable récompense à laquelle ils puissent prétendre.

ÉCOLES SUPÉRIEURES ET ÉCOLES PROFESSIONNELLES. — La création des écoles supérieures s'imposait à la sollicitude de M. le Ministre de l'instruction publique. Maintenant que, grâce à son dévouement pour l'enseignemnt primaire, cette importante question est heureusement sortie du domaine de la discussion pour entrer dans la réalité des faits, le corps enseignant le suppliera de ne pas s'arrêter en si bon chemin et de compléter notre système scolaire par une nouvelle création, celle des écoles professionnelles pour les garçons et pour les filles. C'est ainsi que les enfants du peuple, les déshérités de la fortune, mais qui sont intelligents et laborieux, pourront, guidés par la main tutélaire de l'Etat, continuer leurs études et former un personnel d'élite pour les administrations civiles, les maisons industrielles ou de commerce, l'école des arts-et-métiers, l'école normale, le télégraphe, les postes, la douane, l'octroi et les contributions indirectes.

Je me résume et je conclus. Avec l'instruction gratuite et obligatoire, le certificat d'études, les écoles supérieures et les écoles professionnelles, la France sera dans vingt ans la première nation du monde. M. Jules Simon a dit avant moi : « Le peuple qui a les meilleures écoles est le premier peuple; s'il ne l'est pas aujourd'hui, il le sera demain. »

Mais, en l'état, qu'est-elle ? La vérité et notre intérêt bien entendu me commandent de dire que, sous le rapport de l'instruction primaire, la France est inférieure à plusieurs autres États.

L'exposition universelle a désillusionné les plus robustes croyants d'entre nous, les plus épris de notre réputation. Les travaux des écoliers étrangers témoignaient visiblement de leur supériorité ; et, chose digne de remarque, les pays où les études atteignent ce degré de force sont précisément ceux où l'instruction est gratuite et obligatoire et qui ont un programme uniforme.

Les États-Unis, par exemple, avaient, entre autres choses très remarquables, exposé un ensemble de compositions qui attiraient tous les regards. Chaque âge, chaque province et chaque genre d'école, depuis la plus élémentaire jusqu'à l'enseignement spécial, étaient représentés par un recueil de compositions formant un fort beau volume ; mais on remarquait partout la même direction dans les études. Les jeunes enfants de 6 à 7 ans de Whasington, de Richemond, de Philadelphie ou du Massachusets semblaient avoir fait en même temps le même devoir, et, disposition, écriture, tout était identique. On aurait dit que le même élève avait fait toutes les compositions.

Je ne dois pas craindre d'ajouter qu'en France les enfants de cet âge sont généralement encore incapables de faire des devoirs de cette valeur.

A ceux qui professent un certain culte pour la liberté d'enseignement en matière d'instruction primaire, et qui soutiennent encore qu'il faut laisser aux Maîtres la plus grande initiative possible, j'oserai leur dire que cette prétendue liberté qu'ils invoquent, ces essais nouveaux que l'on tente chaque jour, cette grande multiplicité de méthodes, tous ces procédés mécaniques, cette profusion de livres classiques, n'ont servi qu'à jeter de la confusion dans les idées, et que, pour achever toute la vérité, si de nos jours cependant les enfants font des progrès plus sensibles, c'est que l'instruction est mieux organisée, mieux réglementée, plus surveillée, et que les maîtres, mieux rétribués et admis à la retraite dans de meilleures conditions, ont vu dans l'enseignement une carrière utile et honorable et non plus un métier.

EXPOSITION SCOLAIRE DES DÉPARTEMENTS FRANÇAIS

Et maintenant, Monsieur l'Inspecteur d'Académie, le moment est venu d'exprimer aussi franchement mon opinion sur les travaux des écoliers français. C'est par là, du reste, que je terminerai la deuxième partie de mon rapport.

J'ai dit plus haut, en faisant la revue de l'Exposition scolaire, que dans une galerie vitrée, réservée à la section française, se trouvaient réunis tous les travaux graphiques et les cahiers des élèves, classés par départements.

Cette salle était naturellement le rendez-vous de toutes les institutrices et de tous les instituteurs délégués à Paris. Nous étions là chaque jour nombreux, compactes, et paraissions très-affairés. On s'agitait beaucoup et l'on parlait plus encore ; nous étions en famille et tout heureux et presque fiers de nous trouver dans notre belle capitale. Or, tandis qu'un Parisien, un Normand et un Franc-Comtois faisaient ensemble la critique des cahiers de la Cannebière, je me transportais moi-même de Meurthe-et-Moselle en Seine-et-Oise, puis du Calvados dans le Périgord et dans la Savoie. Chaque département était ainsi visité par tout le monde.

Les instituteurs les plus zélés marchaient hardiment le crayon derrière l'oreille, le carnet à la main et le parapluie sous le bras ; puis s'asseyant devant chaque casier, ils furetaient partout, touchaient à tout, trouvant parfois leurs collègues gênants, et prenaient des notes qu'ils écrivaient à la suite des notes qu'ils avaient prises la veille.

J'ai regretté plus d'une fois de ne pas avoir fait comme eux. Mais après ma première visite, j'avais malheureusement jugé ce soin superflu. Il m'avait semblé, en effet, que sauf quelques bien rares exceptions, tous ces petits travaux, tous ces cahiers avaient un air de fête mal dissimulé qui contrastait singulièrement avec la mise des nôtres. Beaucoup de dessins et de cartes géographiques paraissaient d'ailleurs avoir fait campagne ; les noms et les dates qu'ils portaient semblaient greffés, tandis que d'autres avaient le cadre entamé par la rognure. A vrai dire cependant, quand je considérais mes modestes cahiers avec leurs chemises blanches, proprettes mais non brodées, j'étais tenté, Monsieur l'Inspecteur d'Académie, de me reprocher d'avoir cédé au désir formel que vous aviez exprimé de vous les remettre ainsi, afin qu'ils fussent l'expression de la vérité.

Mais rassurez-vous cependant ; tous les instituteurs ne jugent pas du bois par son écorce. Si je n'étais pas en cause, je vous dirais sans détour, qu'au point de vue de la méthode, de l'enseignement et de la force de nos élèves, les cahiers que nous avions exposés supportaient facilement la comparaison avec ceux des élèves du même âge des départements du Nord et du Nord-E t.

Comme la modestie outrée est un mensonge et que d'ailleurs la sincérité est la première qualité d'un rapport, je vous dois d'ajouter que mon opinion était l'opinion générale. Si donc la statistique établit que ces départements comptent moins d'illettrés que le nôtre, la Commission ministérielle et MM. les Inspecteurs primaires chargés d'examiner les travaux de tous les élèves, reconnaîtront, j'espère, que ceux de nos enfants qui fréquentent les écoles communales jusqu'à l'âge requis pour l'obtention du certificat d'études y reçoivent une instruction aussi variée, aussi étendue et aussi solide que celle que donnent, par exemple, les instituteurs de la Seine, du Doubs, et même de la Haute-Garonne.

J'ai remarqué toutefois que nous leur sommes inférieurs sous le rapport du dessin — nous avons pris de bonnes résolutions pour l'avenir — et que nos classes élémentaires sont en général moins avancées que les leurs Je ne sais si cette dernière particularité ne doit pas être attribuée à ce que nos enfants sont pour la plupart privés de l'éducation de famille, ou si c'est une prédisposition naturelle ; mais dans la Provence, l'intelligence des enfants semble plus lente à se développer, et ce n'est guère que vers leur dixième année qu'ils se familiarisent avec l'école, qu'ils commencent à aimer l'étude et paraissent susceptibles de faire alors des progrès sérieux.

Je ne veux pas négliger de dire en terminant, que par les soins de M. le Préfet et de M. l'Inspecteur d'Académie de Seine-et-Oise, on avait réuni en volumes parfaitement reliés toutes les compositions des concours cantonaux de ce département. Or, comme chaque feuille porte le nom et l'âge de l'élève, le nom du maître et de l'école, il était facile de se rendre compte de la force des études des élèves, de la valeur professionnelle des instituteurs et surtout d'établir par catégories d'âge des comparaisons utiles avec les devoirs de nos propres élèves. Je me livrai précisément à cet examen comparatif avec un instituteur de ce département et nous reconnûmes que le plan et le niveau des études sont les mêmes ici qu'en Seine-et-Oise.

J'ai voulu être vrai, permettez-moi maintenant d'être juste. Ce résultat est votre œuvre, Monsieur l'Inspecteur d'Académie, et celle de vos dignes et vigilants collaborateurs, MM. les inspecteurs primaires du département. Continuez-nous votre bienveillance et vos bons conseils, et comptez sur notre bonne volonté.

LE MAITRE

RECRUTEMENT

On peut attribuer à Napoléon Ier la création des écoles normales; mais c'est sous l'empire de la loi relativement libérale de 1833, Louis-Philippe Ier régnant, que les Guizot, les de Salvandy et les Villemain tour à tour Grands-Maîtres de l'Université, dotèrent un grand nombre de départements d'une école normale; et c'est à eux que la France est par là redevable de l'organisation de l'instruction primaire publique.

Depuis cette époque jusqu'à nos jours, les écoles normales ont fourni à l'enseignement plus de 100,000 instituteurs laïques, dont 50,000 environ sont actuellement en exercice.

Quoique considérable, ce chiffre ne répond déjà plus aux besoins du service, et il y a lieu d'espérer et de craindre à la fois que, dans un avenir très prochain, il sera tout à fait insuffisant.

Cette situation, qui vous préoccupe sans doute déjà, Monsieur l'Inspecteur d'Académie, m'amène à appeler l'attention de M. le Préfet et de MM. les Conseillers généraux sur les mesures urgentes qu'il convient de prendre pour augmenter notablement le nombre des élèves-

maîtres de notre école normale de garçons surtout. Rien
ne doit coûter pour assurer ce service public. Le département des Bouches-du-Rhône est assez riche pour payer
dix bourses de plus si elles sont jugées nécessaires. Quels
que soient les sacrifices qu'on lui imposera en faveur de
l'instruction populaire, il les supportera toujours non
pas avec résignation, mais avec un sentiment de joie
mêlée de reconnaissance.

ECOLES STAGIAIRES. — Les établissements similaires
qui existent en Europe sont depuis longtemps l'objet de
l'attention toute particulière des gouvernements. Les
élèves-maîtres déjà bien préparés dans les écoles *stagiaires*
apportent avec eux à l'école normale toutes les disposi-
tions requises pour devenir, par des études plus sérieuses et par la pratique de l'enseignement, des maîtres
capables et sûrs. Et, tandis qu'en France, comme on dit,
les sujets manquent, les aspirants abondent en pays
étranger et ne se laissent surtout pas rebuter par les difficultés que présente l'examen d'admission. Je conclus
de ce rapprochement qu'il y a nécessité pour nous
d'organiser une école préparatoire ou stagiaire dans chaque département.

En Amérique, les fonctions d'instituteur sont bien
rétribuées : ce fait explique pourquoi elles sont recher-
chées et pourquoi aussi les maîtres sont nombreux et se
recommandent par leur savoir et leur aptitude, malgré
l'instabilité de leur position.

Mais si ce peuple marche ainsi hardiment vers le progrès, il faut reconnaître qu'il recherche avec une cons-
tance admirable toutes les améliorations, tous les per-
fectionnements réalisés dans les autres pays, et qu'il sait
se les approprier.

L'établissement des écoles normales est une institution
que les autres peuples nous ont empruntée ; or, tandis
que pour y attirer la jeunesse studieuse et former de bons
maîtres, ils se sont appliqués à en faire des écoles de
premier ordre, la France est restée tout à fait station-

naire. Osons le dire, en matière d'instruction surtout :
Qui n'avance pas recule.

POSITION

Justement ému de la position précaire qui attendait les
instituteurs dans leur vieillesse, le Gouvernement répu-
blicain leur a donné une grande marque de sa sollicitude
le jour où, par une nouvelle disposition légale, il les a
placés, en vue de la retraite, dans de meilleures conditions. Mais cette réforme, qui lui mérite bien la reconnaissance du corps enseignant, ce premier pas fait en
faveur des maîtres de l'enfance, laisse espérer que la loi
les assimilera un jour aux officiers de l'armée, et que leur
retraite sera à peu près égale, après 55 ans d'âge et 25
ans de service, au traitement moyen des six années
de leur plus fort traitement. Mais si appréciable et
apprécié même que puisse être ce grand acte de justice,
il ne saurait parer en aucune façon aux inconvénients de
la situation présente.

Lorsque le Gouvernement sera réellement convaincu
que les instituteurs sont généralement pauvres et qu'ils
ne peuvent par conséquent faire fonds que sur leur traitement ; lorsqu'il voudra se rappeler que les denrées
alimentaires et tous autres objets de première nécessité
se paient de plus en plus cher ; que les instituteurs,
comme chefs de famille, ont des charges souvent très
lourdes ; que leur considération dépend malheureusement
trop de leur position financière, qui doit paraître bonne
quand même, et que finalement les services qu'ils rendent
à la société sont pour le moins aussi importants que ceux
d'un grand nombre d'employés mieux rétribués qu'eux,
le Gouvernement, dis-je, n'hésitera pas un instant à
rechercher le moyen d'améliorer leur sort.

Si l'on voit de nos jours encore tant de maîtres jeunes et capables abandonner la carrière de l'enseignement, c'est qu'ils ne trouvent pas dans la position qu'elle leur offre, une juste rémunération de leurs travaux, de leurs privations, des sacrifices qu'ils se sont imposés et des services qu'ils rendent au pays.

Un second motif bien capable de nuire au recrutement des instituteurs, c'est que jusqu'ici rien n'a été moins stable que leur position. On se rappelle encore le temps où ils n'étaient pas assurés de trouver dans l'accomplissement de leur devoir une garantie certaine contre les tracasseries des pouvoirs locaux.

Si l'instituteur ne dépendait, au contraire, que de son devoir et de l'autorité légitime et toujours bienveillante et éclairée de ses chefs hiérarchiques, il gagnerait en respect et en considération; les luttes politiques auxquelles d'ailleurs il ne prend aucune part, ne l'atteindraient jamais, et il remplirait sa tâche avec plus de zèle, de fermeté et de succès.

Bien des instituteurs dans leurs causeries intimes à la Sorbonne ou au Champ-de-Mars formulaient le vœu d'être classés comme fonctionnaires publics et rétribués directement par l'Etat ou par le département.

J'ai parlé très-avantageusement de l'exposition et du système scolaire du Canada. Je croirais cependant n'avoir rien dit sur cette belle contrée si je vous laissais ignorer, Monsieur l'inspecteur d'Académie, la position sociale de ses instituteurs.

L'école, à tous ses degrés, est dirigée par des maîtres qui aspirent tous à remplir un jour les plus hautes charges de l'État ; et, pour justifier cette noble ambition, ils s'appliquent à se distinguer dans l'exercice de leurs fonctions autant par leur savoir que par leur zèle. Le succès de leurs écoles est ce qui les recommande le plus efficacement à l'attention du Gouvernement; ils gagnent rapidement en influence au sein des populations qu'ils élèvent, qu'ils instruisent le mieux possible, et ils s'assu-

rent ainsi leur concours lorsque le moment est venu pour
eux de revendiquer le droit au pouvoir. Voilà comment la
plupart des instituteurs canadiens deviennent hommes
d'État. Après avoir commandé aux enfants, ils gouver-
nent les hommes.

Nous, instituteurs français, nous sommes beaucoup
plus modestes ; nous n'avons pas,et pour cause, des visées
si hautes : notre ambition se borne à demander à la loi
une protection efficace contre les entraînements politiques,
une garantie pour notre avenir.

HIÉRARCHIE ET CLASSEMENT

Le régime égalitaire a toujours été le rêve, la passion
dominante du Français. La Révolution de 1789 se fit au
nom de l'égalité pour donner satisfaction à ce sentiment
intime du peuple. Tous les gouvernements qui se sont
succédé depuis l'ont promise; aucun ne l'a pratiquée ;
elle n'était pas encore dans les mœurs du pouvoir. Ce
sera la plus grande gloire de la République, si elle ne
tolère pas que la faveur se substitue au mérite ; si elle
proscrit les abus et les privilèges qui ont toujours été la
plaie de toutes les administrations ; si elle élève l'égalité à
la hauteur d'un principe et en fait sa règle de conduite à
l'égard de tout le monde et des fonctionnements publics
en particulier.

En ce qui me concerne, je n'ai eu jusqu'ici ni recours
à la protection de quelque puissant, ni à me plaindre de
la moindre injustice de mes chefs; et cette situation
semble m'inviter à profiter de l'occasion qui m'est offerte
pour exprimer un vœu dont la réalisation satisferait des
intérêts bien respectables.

L'État a le devoir de prendre toutes les mesures nécessaires pour arriver au recrutement de maîtres dévoué

capables et dignes en tout point de sa confiance et de l'estime publique ; mais, en retour, il doit à ces hommes modestes, qui ne connaissent que le travail et l'abnégation, non seulement son appui et sa protection, mais encore l'assurance qu'ils trouveront toujours dans la pratique d'une organisation hiérarchique parfaitement définie, la juste récompense de leur zèle et de leur succès.

Les instituteurs seront donc heureux le jour où ils sauront que leur avancement est entièrement subordonné à des règles sagement établies et que l'autorité académique et l'autorité préfectorale pourront procéder à leur nomination sans être gênées par des influences étrangères.

En résumé, pour assurer le recrutement de bons maîtres, pour obvier à la fois à l'insuffisance de leur traitement et à l'instabilité de leur position, et pour établir une véritable hiérarchie entre eux, il faut, l'instruction étant partout gratuite, que, par une loi spéciale, le Gouvernement les divise en classes.

La 1re, comprendrait les Directeurs ou titulaires nommés dans les chefs-lieux de département de 100.000 habitants et au-dessus.

La 2me, les Directeurs des autres chefs-lieux et des sous-préfectures qui comptent au moins 20.000 habitants.

La 3me, les Directeurs des autres sous-préfectures et de tous les chefs-lieux de canton.

La 4me, les Directeurs de toutes les communes rurales.

La 5me, tous les instituteurs adjoints brevetés.

Le droit de nomination des instituteurs appartenant aux Préfets, il serait juste que l'Académie eût la faculté d'accorder le traitement minimâ ou maximâ afférent à chaque classe. Cette combinaison rappellerait utilement aux instituteurs que s'ils sont dépendants de l'autorité préfectorale en tant qu'Administration générale du département, leur intérêt bien-entendu veut qu'ils ne perdent pas de vue que l'Académie reste juge de leur mérite professionnel.

D'après cela, voici sur quelles bases j'établirais mon projet de classement.

	Direoteurs	Adjoints
1re classe {	F. 3.000	1.600
	2.700	1.400
2me classe {	2.500	1.400
	2.300	1.200
3me classe {	2.000	1.200
	1.800	1.100
4me classe {	1.600	1.100
	1.400	1.000

Si, par une disposition dont tout le corps enseignant se réjouirait, l'État voulait que le traitement fût attaché à la personne et non à la résidence, il conviendrait, tout en conservant le même nombre de catégories et les mêmes chiffres, de prendre pour bases du classement des instituteurs : l'ancienneté, le mérite personnel, les services rendus et la position acquise.

CONCURRENCE

Bien que j'aie foncièrement et par état une préférence très marquée pour l'enseignement laïque, et que je fasse les vœux les plus ardents pour le voir triompher des attaques incessantes de ses détracteurs, je ne puis méconnaître les importants services que les congrégations enseignantes ont rendus au pays à une époque surtout où, seules en possession des écoles primaires de toutes les villes tant soit peu importantes de France, seules aussi elles apprenaient à nos pères à lire et à écrire.

C'est donc moins l'esprit de corps qu'un sentiment de justice qui me fait aujourd'hui prier le Gouvernement de rendre égales pour tous ses instituteurs publics, laïques ou religieux, les conditions d'âge, de moralité et de savoir qu'il faut remplir pour exercer légalement les fonctions d'instituteur communal. Alors que les favours attachées à cette fonction sont les mêmes : traitement garanti, logement et exonération du service militaire, les obligations doivent également être les mêmes.

Selon toute équité, une seule chose doit sensiblement différer : c'est le traitement. N'ayant point de charges de famille et vivant en communauté, on doit attribuer aux congréganistes la moitié du traitement des instituteurs laïques.

Le cours normal est de trois ans ; et c'est dans ce laps de temps que les élèves-maîtres sortis de l'école primaire font les études nécessaires pour arriver à l'obtention du brevet de capacité. Pour permettre aux congrégations enseignantes de préparer la grande généralité de leurs membres aux épreuves du brevet, on pourrait leur accorder le même délai. Mais à son expiration, le droit d'enseigner appartiendrait exclusivement aux maîtres qui se trouveraient réunir toutes les conditions exigées par la loi ; les lettres d'obédience seraient alors frappées de nullité, et tous les maîtres-adjoints et sous-maîtresses, laïques ou religieux, non brevetés, seraient rigoureusement exclus de l'école et de l'enseignement et ne pourraient par conséquent prétendre ni au classement ni à la moindre rétribution.

Cette mesure équitable est le complément des réformes que sollicitent les membres de l'enseignement primaire.

Bien que ces questions semblent ne pas se rattacher d'une manière directe aux divers sujets que j'avais à traiter dans mon rapport sur l'Exposition, j'ai cru utile de les mettre à jour autant dans l'intérêt de l'instruction que dans celui du corps enseignant. Et d'ailleurs, quand on compare la situation de la majorité des instituteurs français à celle des instituteurs étrangers ou même à celle du plus grand nombre des employés de l'Etat, il est permis de se demander si leurs services peuvent être moins appréciés et si le moment n'est pas encore venu, en donnant plus de relief à l'instruction, de relever leur caractère par une position plus honorable.

MONSIEUR L'INSPECTEUR D'ACADÉMIE,

Quoi qu'il en soit des améliorations que je réclame pour l'*Ecole* et des réformes que j'ose provoquer en faveur de l'*Elève* et du *Maître*, je resterai convaincu qu'elles sont dignes par leur importance [de l'attention du Gouvernement. J'ai parlé avec conviction et franchise : le temps m'apprendra si les observations que j'ai faites, les notes que j'ai recueillies et ma longue expérience m'ont conduit à discerner le bien du mal, le vrai du faux, et si le système scolaire dont je viens d'exposer les bases répond aux besoins actuels de l'instruction primaire.

Dans tous les cas, la visite des instituteurs à l'Exposition Universelle de 1878 sera féconde en bons résultats, attendu que les plus saines doctrines en matière d'enseignement se feront jour et seront mises en pratique par les maîtres soucieux de la prospérité de leurs écoles.

Le plaisir d'avoir pu admirer les merveilles amoncelées dans le Champ-de-Mars, les splendides monuments de la capitale et les trésors artistiques du Louvre et de Versailles, ne nous fera jamais oublier les grandes leçons et les utiles conseils que de savants conférenciers nous ont donnés à la Sorbonne.

Nous tiendrons particulièrement compte des sages recommandations et des encouragements de M. le Ministre de l'instruction publique, et, fidèles à sa haute inspiration, nous nous efforcerons de faire pénétrer dans l'esprit et dans le cœur des enfants qui nous sont confiés, les sentiments dont il nous a pénétrés nous-mêmes ; nous mettrons notre honneur à préparer une génération instruite, forte, virile et confiante, à former d'honnêtes gens et de bons Français.

Marseille, le 8 février 1879.

J.-J. RAOULX.

TABLE DES MATIÈRES